3 図《ず》画《が》工《こう》作《さく》は図《ず》工《こう》です。

図　ズ　ト
工　コウ　ク

□《ず》□《こう》の時《じ》間《かん》に船《ふね》を作《つく》る。

□《と》書《しょ》室《しつ》に□《ず》画《が》がはってある。

□《と》書《しょ》館《かん》の前《まえ》に□《こう》作《さく》をか

教《きょう》室《しつ》に大《おお》きな地《ち》□《ず》がある。

大《だい》□《く》の仕《し》事《ごと》を調《しら》べた。

図《ず》画《が》工《こう》作《さく》は□《ず》□《こう》です。

月　日

点／10点

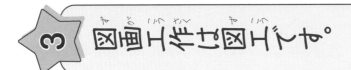

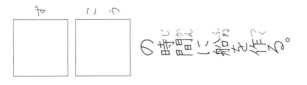

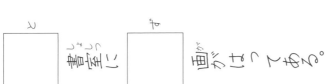

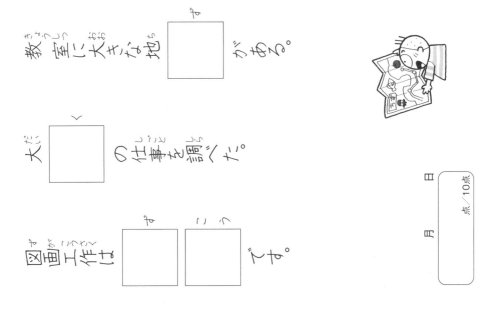

4 今週《こんしゅう》は音楽会《おんがくかい》がある。

楽　ガク　ラク　たのしい

会　カイ　あう

音《おん》□《がく》を聞《き》くのは□《たの》しいね。

□《たの》しそうに話《はな》す人《ひと》に□《あ》った。

重《おも》い物《もの》を□《らく》に運《はこ》ぶ。

朝《あさ》の□《かい》で計算練習《けいさんれんしゅう》。

きゅう食《しょく》の時《とき》□《たの》しい□《かい》話《わ》。

今週《こんしゅう》は音《おん》□《がく》□《かい》がある。

月　　日

点／10点

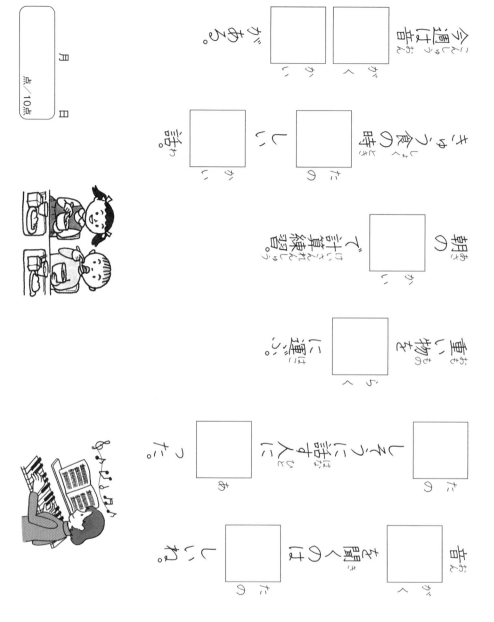

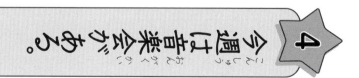

1 算数《さんすう》は楽《たの》しい。

算　サン

数　スウ　かず　かぞえる

□《さん》□《すう》で三角形《さんかくけい》の勉強《べんきょう》。

1．2．3は□《さん》用《よう》□《すう》字《じ》。

百《ひゃく》まで□《かず》を□《かぞ》える。

□《かぞ》え歌《うた》を歌《うた》う。

池《いけ》の魚《さかな》は□《かぞ》え切《き》れない。

□《さん》□《すう》は楽《たの》しい。

月　　日

点／10点

おうちの方へ

数（かず）をよく使うので、数えるを「かずえる」と読み間違いする子をよく見かけます。物語も要注意です。

2 外《がい》国《こく》語《ご》を習《なら》う。

国《コク・くに》　語《ゴ・かたる》

雪《ゆき》□《ぐに》の冬《ふゆ》は寒《さむ》い。

外《がい》□《こく》の物《もの》□《がたり》は楽《たの》しい。

時間《じかん》わりに□《こく》□《ご》がある。

遠《とお》い□《くに》の話《はなし》を□《かた》る人《ひと》。

日本《にほん》□《ご》で考《かんが》えます。

外《がい》□《こく》□《ご》を習《なら》う。

月　　日

点／10点

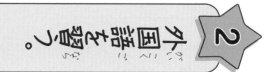

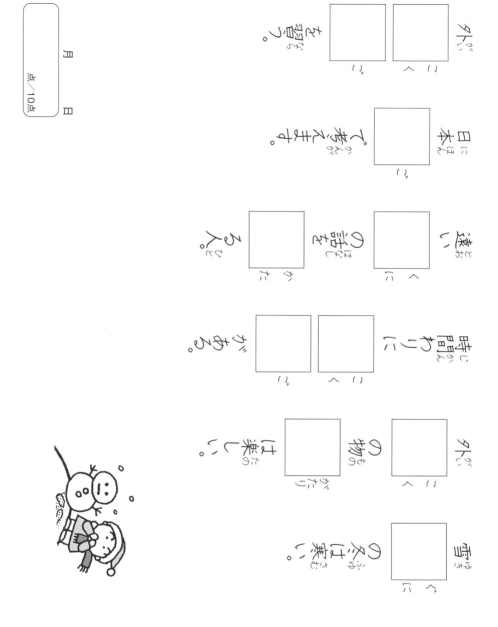

5 三年《さんねん》では理科《りか》の勉強《べんきょう》。

理　リ

強　キョウ　つよい　つよまる

つくえの上《うえ》を整《せい》□《り》する。

反対《はんたい》の□《り》由《ゆう》を力《ちから》□《づよ》く言《い》う。

うでの力《ちから》が□《つよ》い□《り》由《ゆう》は練習《れんしゅう》。

雨《あめ》がふり、風《かぜ》が□《つよ》まる。

□《り》科《か》で□《きょう》力《りょく》なじ石《しゃく》を使《つか》う。

三年《さんねん》では□《り》科《か》の勉《べん》□《きょう》。

月　　日

点／10点

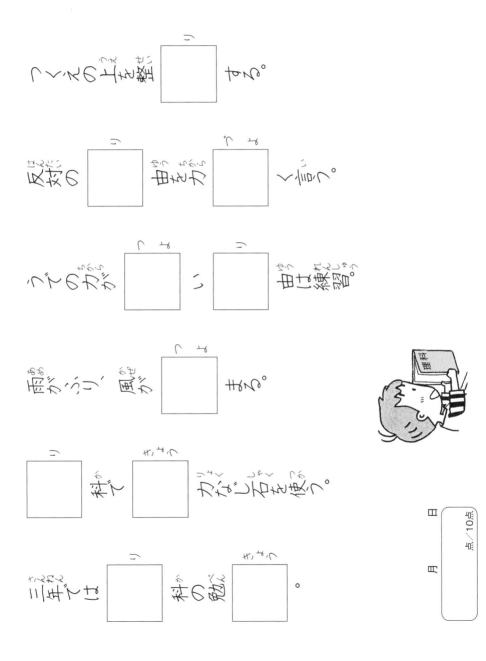

6 教室《きょうしつ》で本《ほん》を読《よ》む。

教　キョウ　おしえる　おそわる

室　シツ

お寺《てら》の書道《しょどう》□《きょう》□《しつ》に通《かよ》う。

漢字《かんじ》の書《か》き方《かた》を□《おそ》わった。

図書《としょ》□《しつ》ですきな本《ほん》を□《おし》え合《あ》う。

校長《こうちょう》□《しつ》で道《みち》を□《おそ》わった。

声《こえ》を出《だ》して□《きょう》科書《かしょ》を読《よ》む。

□《きょう》□《しつ》で本《ほん》を読《よ》む。

月　　日

点／10点

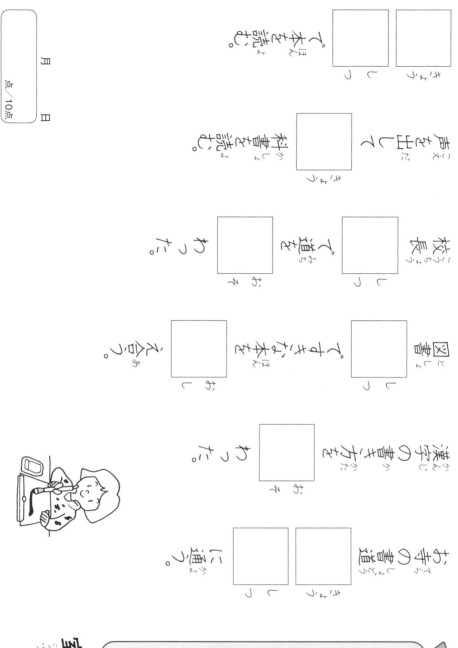

7 朝《ちょう》会《かい》は運《うん》動《どう》場《じょう》です。

朝 チョウ・あさ
場 ジョウ・ば

「まき□《ば》の□《あさ》」の歌《うた》を歌《うた》う。

父《とう》さんは早《そう》□《ちょう》に魚《うお》市《いち》□《ば》へ行《い》く。

母《かあ》さんは□《あさ》から工《こう》□《じょう》ではたらく。

□《ちょう》食《しょく》の後《あと》かたづけをする。

物《もの》語《がたり》の悲《かな》しい□《ば》面《めん》を読《よ》む。

□《ちょう》会《かい》は運《うん》動《どう》□《じょう》です。

月　　日
点／10点

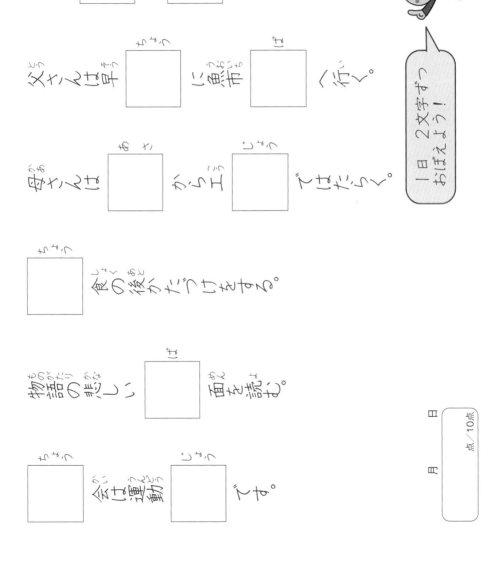

8 火《か》曜《よう》日《び》は音《おん》読《どく》をする。

曜 ヨウ

読 ドク　トク　よむ

水《すい》□《よう》日《び》はしずかに□《どく》書《しょ》。

木《もく》□《よう》日《び》に図書室《としょしつ》で□《とく》本《ほん》をかりた。

く□《とう》点《てん》に気《き》をつけて□《よ》む。

場面《ばめん》を考《かんが》え□《よ》み方《かた》をくふうする。

金《きん》□《よう》日《び》は朝早《あさはや》く起《お》きた。

火《か》□《よう》日《び》は音《おん》□《どく》をする。

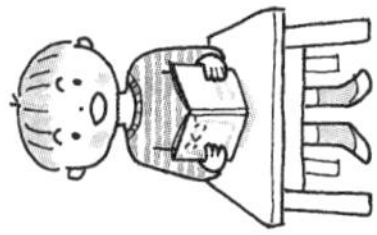

月　　日　　点／10点

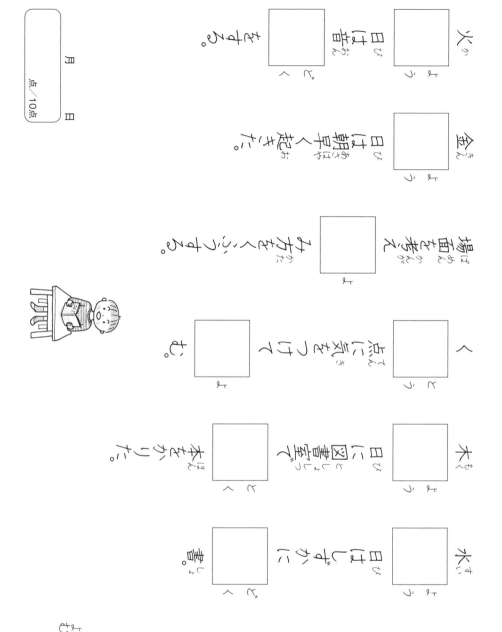

9 画《が》用《よう》紙《し》に絵《え》をかいた。

画　ガ　カク

絵　エ　カイ

□《かい》□《が》てんの会場《かいじょう》は近《ちか》くです。

図工《ずこう》の時間《じかん》に□《え》をかいた。

「□《え》」の□《かく》数《すう》は何《なん》□《かく》ですか。

計《けい》□《かく》通《どお》りになりません。

□《え》本《ほん》は大《だい》すきです。

□《が》用紙《ようし》に□《え》をかいた。

月　日

点／10点

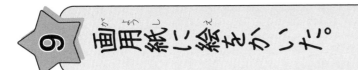

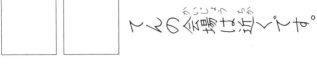

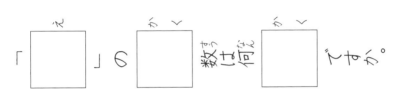

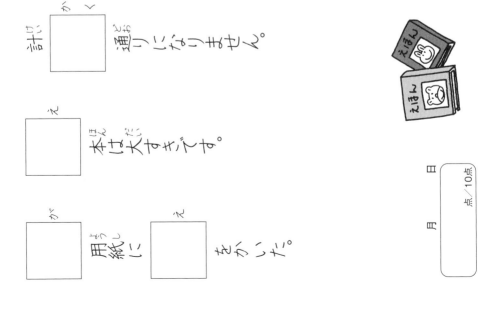

10 夏《なつ》休《やす》みに海《うみ》へ行《い》く。

夏 カ なつ
海 カイ うみ

□《なつ》は□《かい》水《すい》よくが楽《たの》しみだ。

北《ほっ》□《かい》道《どう》の□《なつ》はすずしい。

しょ□《か》の□《かい》岸《がん》をさん歩《ぽ》した。

□《なつ》祭《まつ》り、家族《かぞく》で出《で》かける。

□《なつ》の夜《よる》、流《なが》れ星《ぼし》を見《み》つけたよ。

□《なつ》休《やす》みに□《うみ》へ行《い》く。

月　　日
点／10点

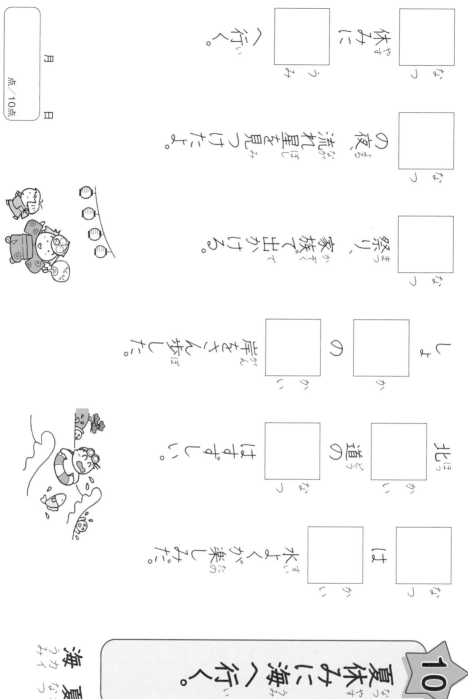

11 魚《さかな》の肉《にく》はやわらかい。

魚　ギョ　うお　さかな

肉　ニク

1. □《さかな》と□《にく》を買《か》って帰《かえ》った。
2. □《うお》市場《いちば》で□《さかな》を買《か》う。
3. □《にく》屋《や》さんは金《きん》□《ぎょ》は売《う》らない。
4. 牛《ぎゅう》□《にく》は大《だい》すきです。
5. □《にく》屋《や》さんにお使《つか》いに行《い》く。
6. □《さかな》の□《にく》はやわらかい。

月　日

点／10点

おうちの方へ　東西南北、西だけが読み方が多いです。関西、東西の「サイ」の読みを忘れないように。

12 寺《てら》で書道《しょどう》を習《なら》います。

寺《ジ》《てら》　道《ドウ》《みち》

この□《みち》は□《てら》への近《ちか》□《みち》だ。

山《やま》□《でら》の手《て》あらいも水《すい》□《どう》の水《みず》。

横《おう》だん歩《ほ》□《どう》をわたります。

広《ひろ》い□《じ》院《いん》のきれいな庭《にわ》。

お□《てら》の門《もん》をゆっくり通《とお》る。

□《てら》で書《しょ》□《どう》を習《なら》います。

月　　日

点／10点

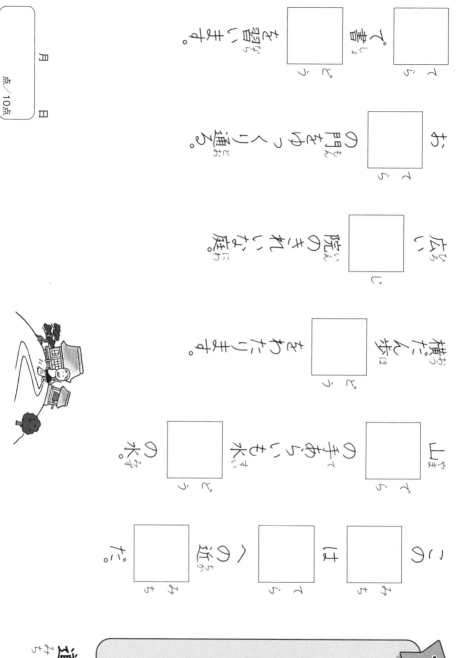

13 なかがいい兄《あに》と弟《おとうと》。

兄 キョウ　あに
＊兄《にい》さん
弟 ダイ　おとうと

□《あに》が□《おとうと》に勉強《べんきょう》を教《おし》える。

□《きょう》□《だい》げんかもたまにはいい。

□《にい》さんは理科《りか》がすき。

□《おとうと》は図画工作《ずがこうさく》がすき。

大《おお》きい□《あに》と小《ちい》さい□《おとうと》。

なかがいい□《あに》と□《おとうと》。

月　日

点／10点

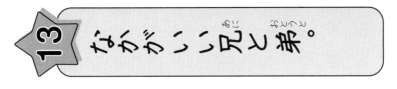

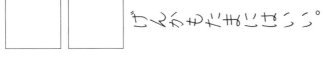

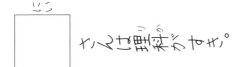

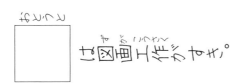

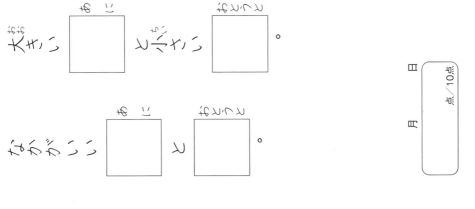

14 父《ふ》母《ぼ》会《かい》に母《はは》が来《く》る。

父　フ　ちち
＊父《とう》さん

母　ボ　はは
＊母《かあ》さん

□《かあ》さんは毎朝《まいあさ》新聞《しんぶん》を読《よ》む。

□《とう》さんはりょう理《り》がとく意《い》だ。

□《はは》は読書家《どくしょか》です。

□《ちち》は□《ぼ》校《こう》の世話《せわ》をする。

□《ちち》と□《はは》は店《みせ》ではたらいている。

□《ふ》□《ぼ》会《かい》に□《はは》が来《く》る。

月　　日

点／10点

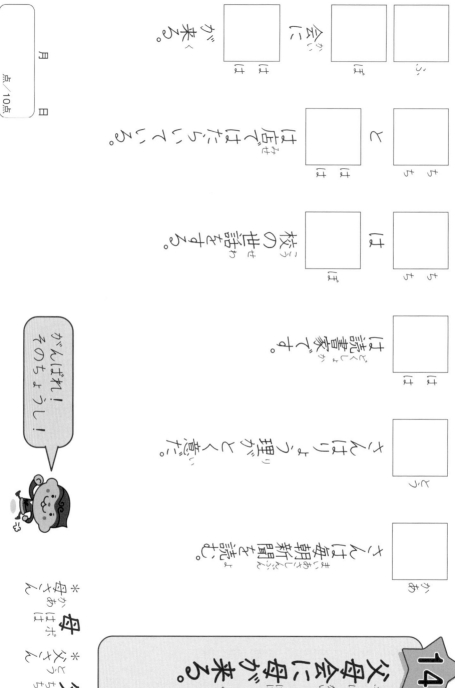

15 姉《あね》は妹《いもうと》をかわいがる。

姉《あね》　＊姉《ね》さん《え》
妹《いもうと》

□《あね》と□《いもうと》が雪《ゆき》だるまを作《つく》った。

□《いもうと》は遠《とお》くにいる□《あね》に手紙《てがみ》を書《か》いた。

□《あね》の長《なが》いかみが風《かぜ》にゆれていた。

□《ねえ》さんも□《いもうと》もサッカーがすき。

□《いもうと》は人形《にんぎょう》でよく遊《あそ》ぶ。

□《あね》は□《いもうと》をかわいがる。

月　　日

点／10点

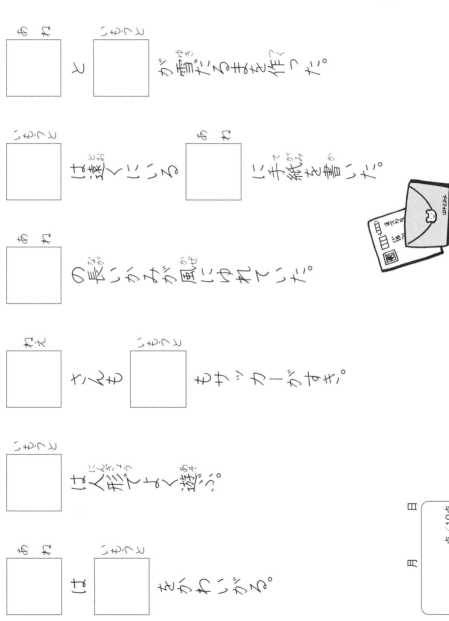

16 春《はる》と秋《あき》に遠《えん》足《そく》がある。

春　シュン　はる
秋　シュウ　あき

□《しゅん》夏《か》□《しゅう》冬《とう》、四《し》きがある日本《にほん》。

□《はる》の七草《ななくさ》、□《あき》の七草《ななくさ》言《い》えますか。

□《しゅん》分《ぶん》の日《ひ》は昼夜《ちゅうや》の長《なが》さが同《おな》じ。

□《はる》休《やす》みがすぎたら三年生《さんねんせい》。

□《はる》と□《あき》で野原《のはら》のけしきがちがう。

□《はる》と□《あき》に遠足《えんそく》がある。

月　　日

点／10点

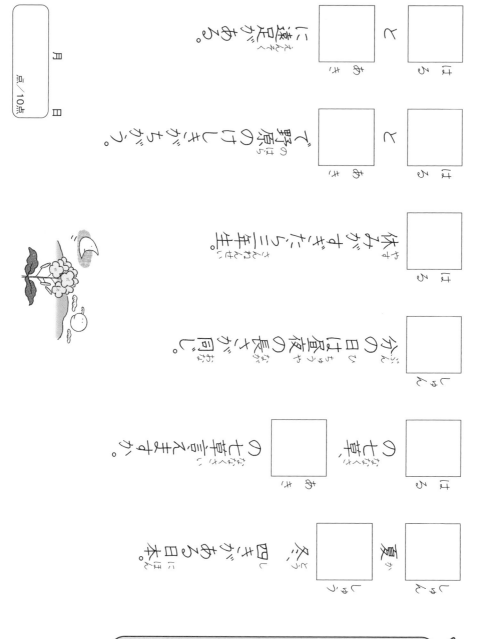

17 冬《ふゆ》の間《あいだ》は毛《もう》ふがいる。

冬　トウ　ふゆ

毛　モウ　け

□《ふゆ》は□《け》糸《いと》のぼう子《し》がいい。

□《ふゆ》に羽《う》□《もう》のジャンパーを着《き》る。

□《ふゆ》には□《とう》みんをするカエル。

たんぽぽのわた□《げ》が開《ひら》く。

□《ふゆ》休《やす》みに雪《ゆき》だるまを作《つく》ります。

□《ふゆ》の間《あいだ》は□《もう》ふがいる。

月　　日

点／10点

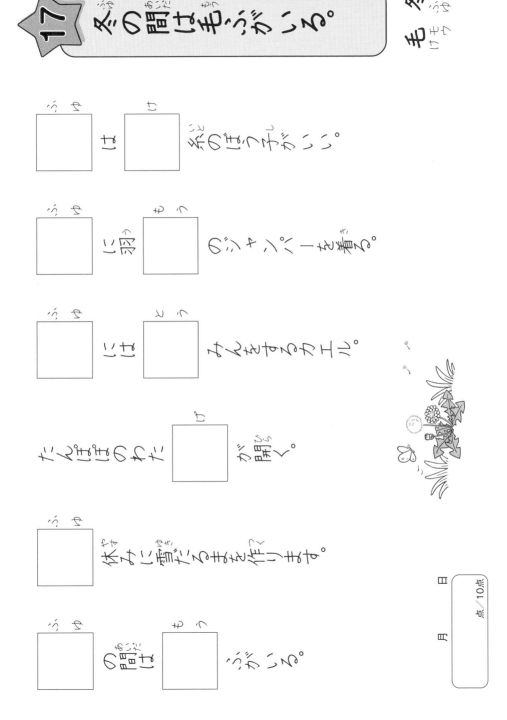

18 西《にし》も東《ひがし》もわからない。

東《ひがし》 トウ ひがし
西《にし》 セイ サイ にし

地下鉄《ちかてつ》が□《とう》□《ざい》に走《はし》っている。

新《しん》かん線《せん》で□《とう》京《きょう》へ行《い》く。

月《つき》は□《ひがし》に、日《ひ》は□《にし》に。

北《ほく》□《せい》から風《かぜ》がふく。

□《とう》□《ざい》南北《なんぼく》をしめす記号《きごう》。

□《にし》も□《ひがし》もわからない。

月　日

点／10点

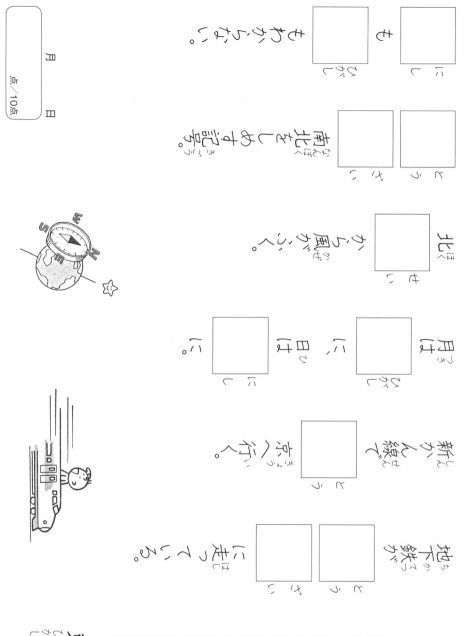

19 北風《きたかぜ》と南風《みなみかぜ》の物語《ものがたり》。

北《ホク・きた》 南《ナン・みなみ》

お寺《てら》の□《みなみ》に門《もん》がある。

東《とう》□《ほく》地方《ちほう》に友人《ゆうじん》がいる。

市《し》の□《なん》□《ぼく》をむすぶ道路《どうろ》。

□《きた》の町《まち》から□《みなみ》の市《し》へ行《い》く。

台風《たいふう》が□《ほく》上《じょう》したり□《なん》下《か》したり。

□《きた》風《かぜ》と□《みなみ》風《かぜ》の物語《ものがたり》。

月　日

点／10点

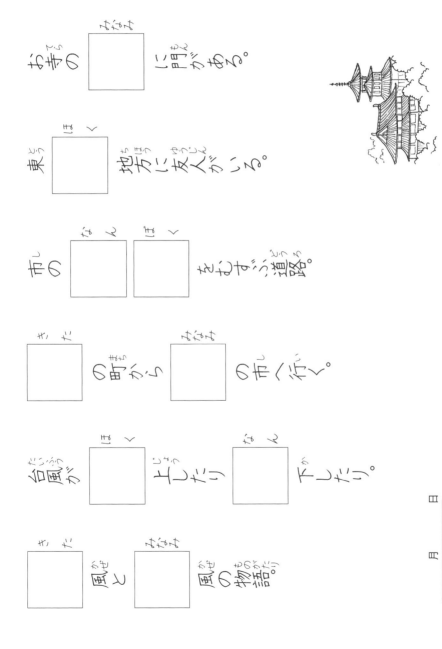

20 小刀《こがたな》で半分《はんぶん》に切《き》る。

刀 トウ　かたな

分 ブン　フン　ブ　わける　わかる

手《て》□《わ》けして木《ぼく》□《とう》をさがす。

□《かたな》で三人分《さんにんぶん》に□《わ》ける。

四十五《よんじゅうご》□《ふん》間《かん》□《かたな》をみがいた。

これで五《ご》□《ぶ》五分《ごぶ》です。

かけ算《ざん》の意味《いみ》が□《わ》かった。

小《こ》□《がたな》で半《はん》□《ぶん》に切《き》る。

月　　日

点／10点

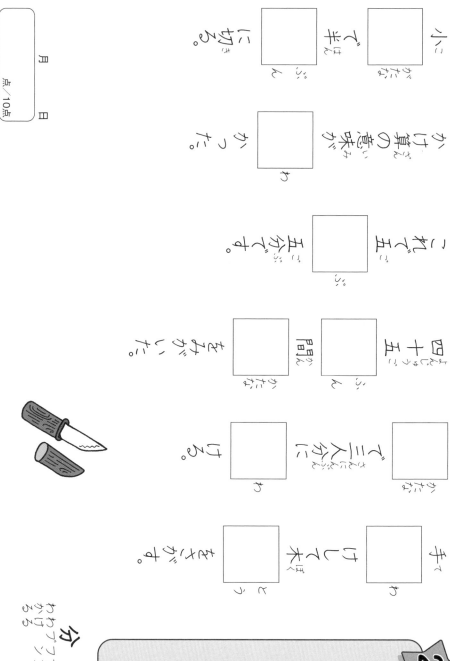

21 きゅう食当番《しょくとうばん》をする。

当　トウ・あたる
番　バン

じゅん□《ばん》に□《ばん》号《ごう》を引《ひ》く。

交《こう》□《ばん》で道《みち》をたずねました。

市場《いちば》の祭《まつ》りでくじに□《あ》たった。

本《ほん》□《とう》に□《あ》たったのですか。

月曜日《げつようび》は水《みず》やりの□《とう》□《ばん》です。

きゅう食《しょく》□《とう》□《ばん》をする。

月　　日

点／10点

おうちの方へ

「米作り」は「こめづくり」、「米作」は「ベイサク」です。「羽」は、千羽（センバ）・一羽（イチワ）の読みがあります。

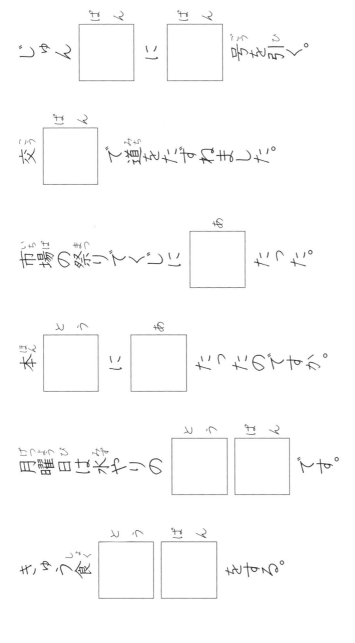

22 米《こめ》や麦《むぎ》を食《た》べる。

米《ベイ マイ こめ》　麦《むぎ》

□《むぎ》や□《こめ》でパンを作《つく》る。

□《むぎ》より白《はく》□《まい》がすきです。

日本《にほん》は□《べい》作《さく》がさかんです。

小《こ》□《むぎ》をアメリカから買《か》う。

□《こめ》は田《た》で、□《むぎ》は畑《はたけ》で作《つく》ります。

□《こめ》や□《むぎ》を食《た》べる。

月　　日

点／10点

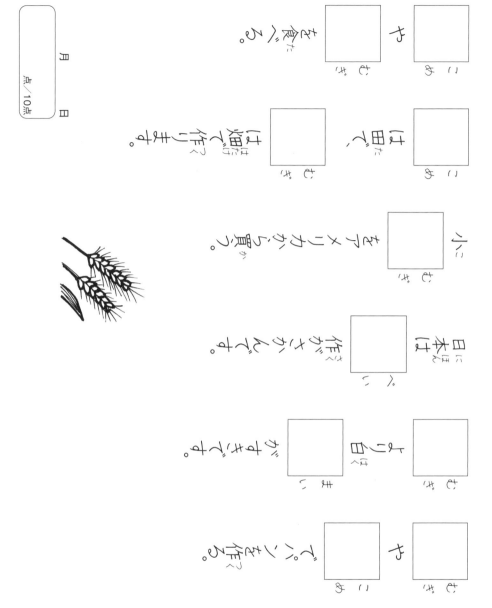

23 動《どう》物《ぶつ》園《えん》は遠《とお》い。

園　エン

遠　エン　とおい

□《えん》足《そく》で□《とお》くの公《こう》□《えん》に行《い》く。

学校《がっこう》は□《とお》いですよ。

弟《おとうと》のようち□《えん》の□《えん》足《そく》です。

□《とお》い道《みち》のりを歩《ある》きます。

□《えん》長《ちょう》先生《せんせい》にごあいさつ。

動物《どうぶつ》□《えん》は□《とお》い。

月　日

点／10点

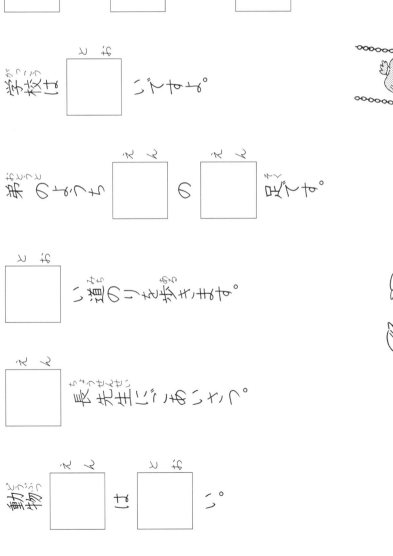

24 引《ひ》き戸《ど》を開《あ》ける。

引　イン　ひ（く）
戸　コ　と

晴《は》れた日《ひ》に□《こ》外《がい》でつな□《ひ》き。

地球《ちきゅう》に□《いん》力《りょく》があるそうです。

□《ひ》き出《だ》しから□《ひ》っぱり出《だ》した。

雨《あま》□《ど》を□《ひ》いた。

古《ふる》い□《と》がこわれそう。

□《ひ》き□《ど》を開《あ》ける。

月　　日

点／10点

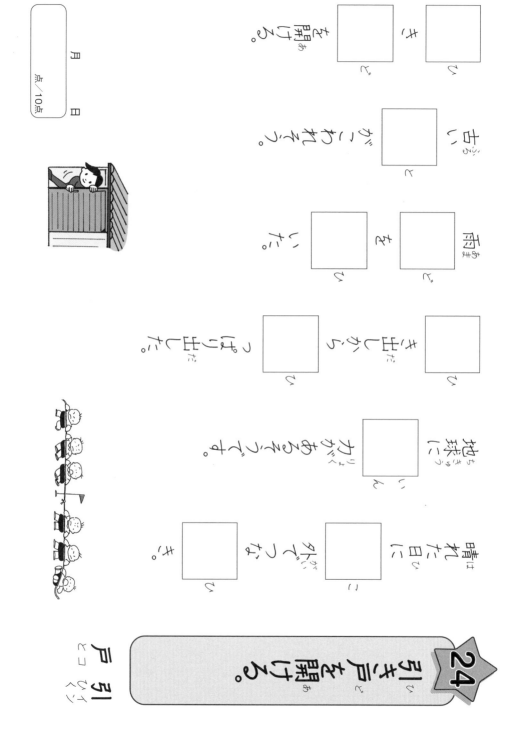

25 羽《はね》を広《ひろ》げた鳥《とり》。

羽　は　はね

広　コウ　ひろい　ひろげる

千《せん》□《ば》の鳥《とり》が□《ひろ》い空《そら》をとぶ。

□《こう》大《だい》なうちゅうのふしぎ。

□《ひろ》場《ば》の横《よこ》に□《こう》こくがある。

海《うみ》の上《うえ》を□《は》ばたく鳥《とり》のむれ。

□《はね》を休《やす》める一《いち》□《わ》のハト。

□《はね》を□《ひろ》げた鳥《とり》。

月　　日

点／10点

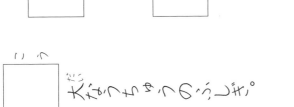

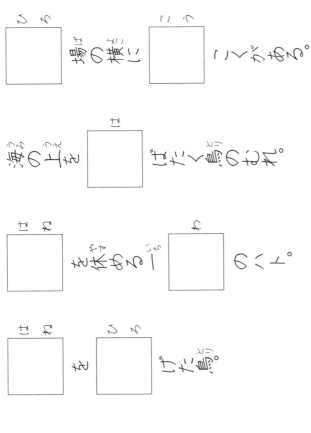

26 黒《くろ》い雲《くも》から雨《あめ》がふる。

黒　コク　くろ　くろい

雲　ウン　くも

西《にし》の方《ほう》から□《くろ》い□《くも》が広《ひろ》がる。

板《ばん》に白《しろ》い□《こく》□《くも》の絵《え》をかく。

高《たか》い山《やま》から□《うん》海《かい》を見《み》た。

店《みせ》の前《まえ》は□《くろ》山《やま》の人《ひと》だかり。

□《くろ》い□《くも》が出《で》たので家《いえ》に帰《かえ》る。

□《くろ》い□《くも》から雨《あめ》がふる。

月　日

点／10点

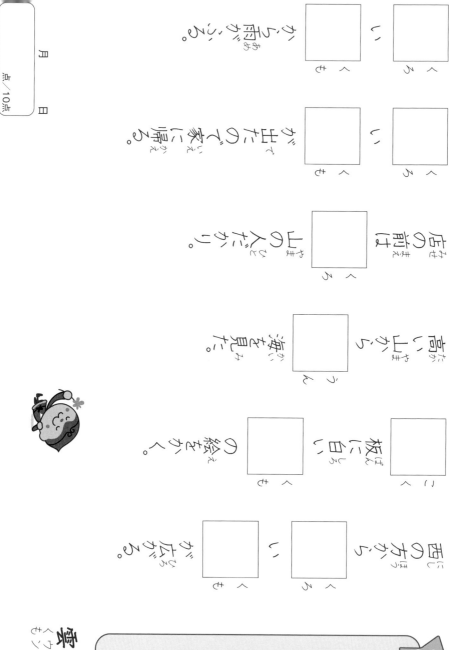

27 本《ほん》を何《なん》回《かい》も読《よ》む。

何 なに なん

回 カイ まわる まわす

さがしたが □《なに》 も見《み》つからない。

□《なに》 をさがしているのですか。

鉄《てつ》ぼうを □《なん》□《かい》 も □《まわ》 って目《め》が □《まわ》 る。

おにごっこで、にげ □《まわ》 る。

こまを □《まわ》 して遊《あそ》ぶ。

本《ほん》を □《なん》□《かい》 も読《よ》む。

月　　日

点／10点

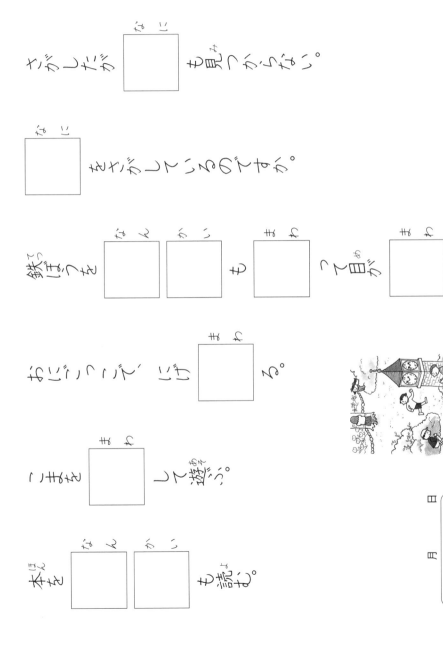

28 校《こう》内《ない》に理《り》科《か》室《しつ》がある。

内《ナイ うち》 科《カ》

教《きょう》□《か》書《しょ》の□《うち》がわに落《らく》書《が》きをした。

今日《きょう》は□《ない》□《か》のけんさがある。

生活《せいかつ》□《か》で学校《がっこう》あん□《ない》図《ず》を作《つく》る。

国《こく》□《ない》で作《つく》った野《や》さいを食《た》べる。

わたしは□《か》学読《がくよ》み物《もの》がすき。

校《こう》□《ない》に理《り》□《か》室《しつ》がある。

月　　日

点／10点

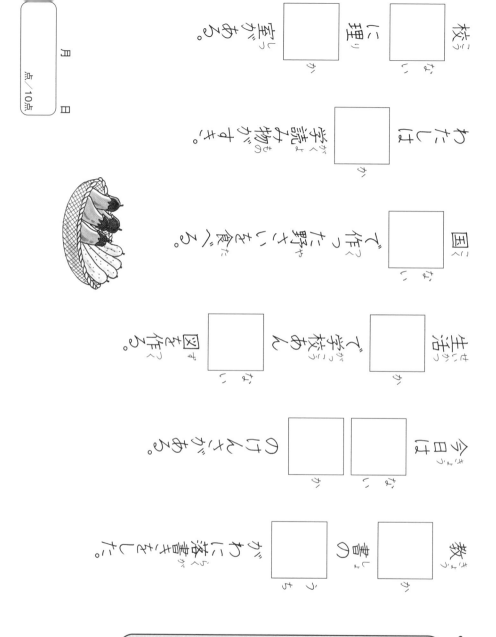

29 父《ちち》親《おや》は作《さっ》家《か》です。

親 シン　おや　したしい　したしむ

家 カ　ケ　いえ　や

□《いえ》の中《なか》を□《おや》子《こ》でそうじする。

大《おお》□《や》さんは、□《しん》切《せつ》です。

□《した》しい友《とも》は□《け》来《らい》ではない。

親《しん》せきの農《のう》□《か》は米作《こめづく》り。

本《ほん》に□《した》しむ秋《あき》の夜《よる》。

父《ちち》□《おや》は作《さっ》□《か》です。

月　日

点／10点

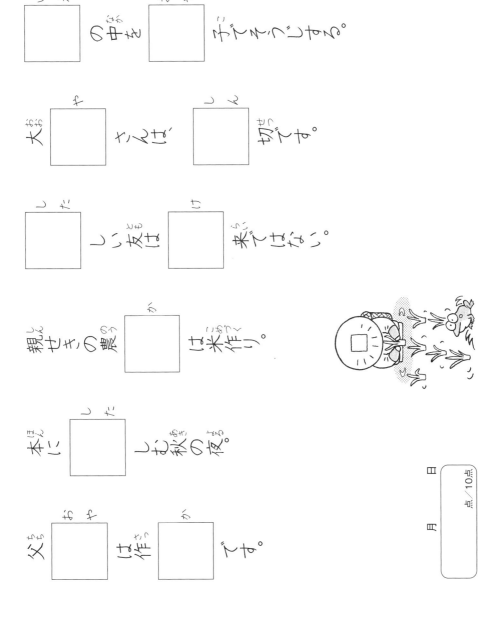

30 校《こう》歌《か》をみんなで歌《うた》う。

才《サイ》

歌《カ うた うたう》

□《さい》のうを生《い》かして□《か》手《しゅ》になる。

大《おお》きな声《こえ》で□《うた》を□《うた》う。

父《とう》さんは米作《こめづく》りの天《てん》□《さい》だ。

母《はは》は多《た》□《さい》なげいじゅつ家《か》。

文《ぶん》□《さい》があり□《うた》もうまい。

校《こう》□《か》をみんなで□《うた》う。

月　　日

点／10点

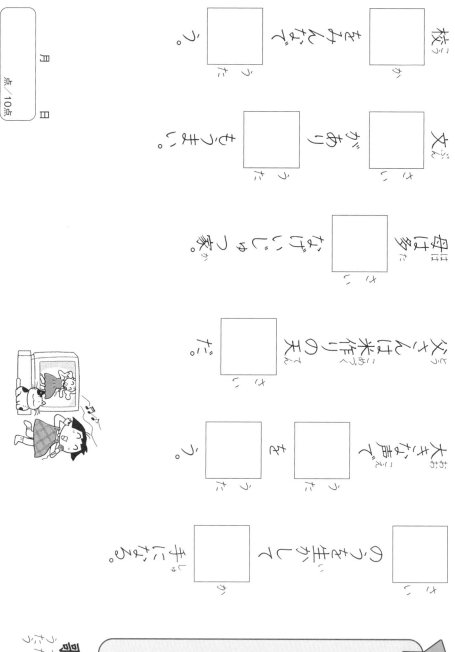

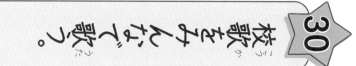

31 町《まち》外《はず》れの家《いえ》で生活《せいかつ》。

外 ガイ そと ほか はずす はずれる

活 カツ

生《せい》□《かつ》科《か》で□《がい》国《こく》のあいさつを知《し》る。

暑《あつ》いのでボタンを□《はず》す。

思《おも》いの□《ほか》寒《さむ》い。

□《そと》回《まわ》りで□《かつ》やくする人《ひと》。

□《がい》国《こく》で□《かつ》やくする日本人《にほんじん》。

町《まち》□《はず》れの家《いえ》で生《せい》□《かつ》。

月　日

点／10点

32 牛《うし》の角《つの》が黒光《くろびか》り。

牛 ギュウ うし

角 カク かど つの

そこの□《かど》に□《うし》小屋《ごや》がある。

□《ぎゅう》肉《にく》を□《かく》切《ぎ》りにする。

来週《らいしゅう》は□《ぎゅう》にゅう当番《とうばん》です。

三《さん》□《かく》と四《し》□《かく》の物《もの》を集《あつ》める。

□《うし》の目《め》は大《おお》きいね。

□《うし》の□《つの》が黒光《くろびか》り。

月　日

点／10点

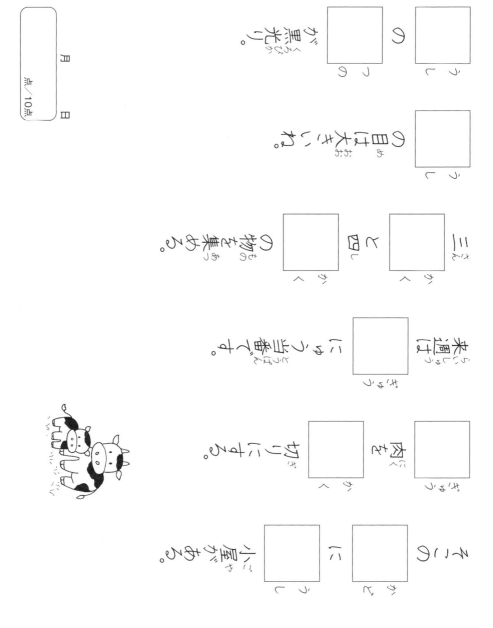

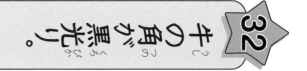

33 二《に》時《じ》間《かん》目《め》は算数《さんすう》。

時　ジ　とき

間　カン　ケン　あいだ　ま

五年生《ごねんせい》で三日《みっか》□《かん》の林《りん》□《かん》学校《がっこう》。

□《とき》がたつと人《にん》□《げん》はわすれる。

昼《ひる》□《ま》は一《いち》□《じ》晴《は》れていた。

岩《いわ》の□《あいだ》から木《き》が生《は》えている。

戸《と》のすき□《ま》から光《ひかり》がさす。

二《に》□《じ》□《かん》目《め》は算数《さんすう》。

月　　日

点／10点

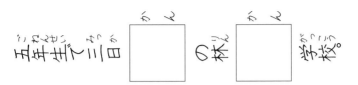

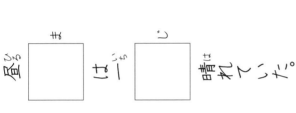

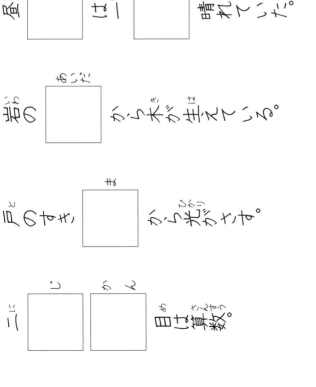

34 丸《まる》木《き》橋《ばし》の両《りょう》はしは岩《いわ》。

丸　ガン　まる　まるい　まるめる

岩　ガン　いわ

門《もん》の内《うち》がわに□《まる》い□《いわ》がある。

石《せき》のはしの方《ほう》は□《まる》くなる。

薬《やく》の方《ほう》が飲《の》みやすい。□《がん》

□《がん》

紙《かみ》を□《まる》めて遊《あそ》ぼうよ。

□《いわ》山《やま》から真《ま》ん□《まる》な月《つき》が上《のぼ》る。

□《まる》木《き》橋《ばし》の両《りょう》はしは□《いわ》。

月　日

点／10点

おうちの方へ　岩石・丸薬とも「ガン」と読みます。同じ読みで漢字が異なる場合はたくさんあります。正確に覚えるようにさせましょう。

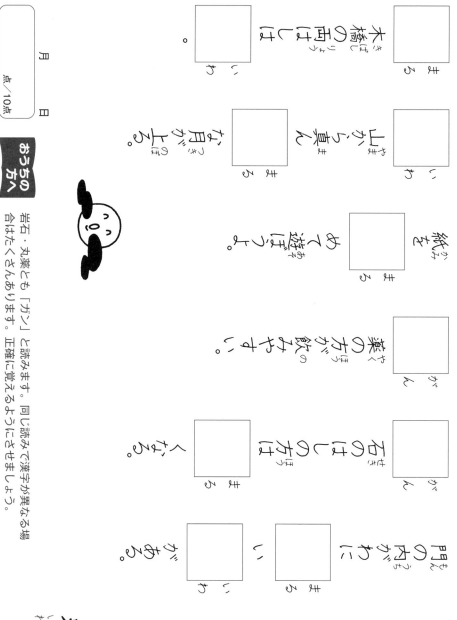

35 丸《まる》顔《がお》の人《ひと》が社《しゃ》長《ちょう》です。

顔　ガン　かお

社　シャ　やしろ

三年《さんねん》で□《しゃ》会科《かいか》を学習《がくしゅう》する。

□《がん》面《めん》にボールが当《あ》たった。

森《もり》の中《なか》に大《おお》きな□《やしろ》がある。

村《むら》の□《やしろ》の会合《かいごう》に□《かお》を出《だ》す。

にこにこ□《がお》の会《かい》□《しゃ》の□《しゃ》長《ちょう》。

丸《まる》□《がお》の人《ひと》が□《しゃ》長《ちょう》です。

月　日

点／10点

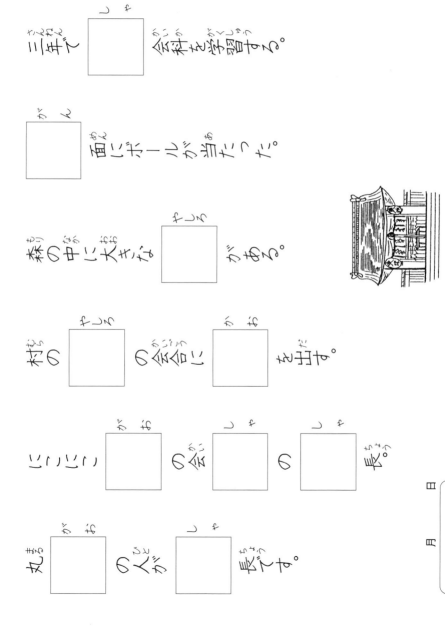

36 汽《き》車《しゃ》でいなかに帰《かえ》る。

汽 キ

帰 キ　かえる　かえす

□《き》船《せん》の汽《き》笛《てき》が聞《き》こえてきた。

□《き》船《せん》に乗《の》って□《き》国《こく》した。

学校《がっこう》の□《かえ》りに□《き》車《しゃ》を見《み》た。

一年生《いちねんせい》を早《はや》く家《いえ》に□《かえ》します。

おそくなり□《かえ》り道《みち》を急《いそ》ぎます。

□《き》車《しゃ》でいなかに□《かえ》る。

月　日　点／10点

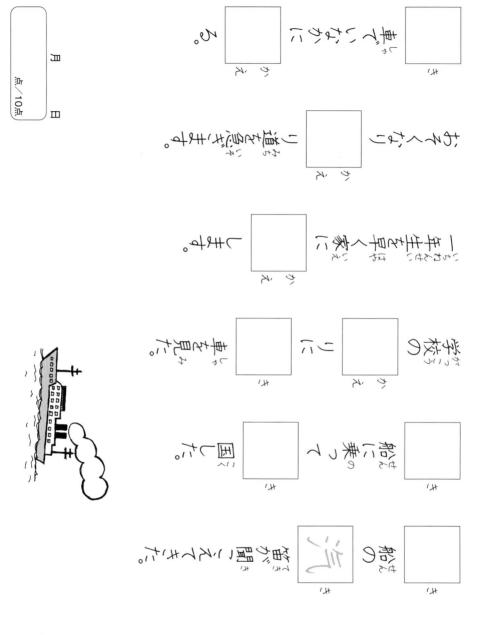

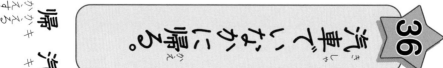

37 多《おお》くの地《ち》図《ず》記《き》号《ごう》がある。

地　チ　ジ

記　キ　しるす

□《じ》面《めん》に名《な》を□《しる》してもすぐ消《き》える。

この土《と》□《ち》に□《き》ねんひが立《た》つ。

できごとを日《にっ》□《き》に書《か》き□《しる》す。

□《ち》下水《かすい》がわき出《で》ていずみになる。

□《じ》べたを速《はや》く走《はし》れない小鳥《ことり》。

多《おお》くの□《ち》図《ず》□《き》号《ごう》がある。

月　　日

点／10点

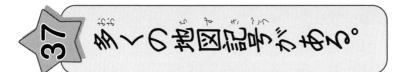

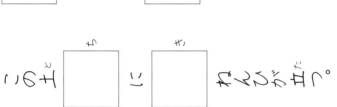

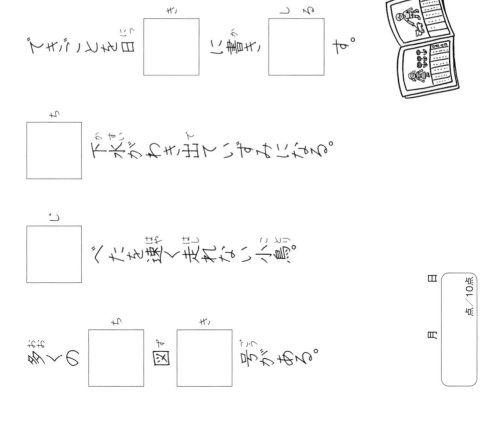

38 寺《てら》に弓《ゆみ》と矢《や》がある。

弓《ゆみ》 矢《や》

父《とう》さんは小《ちい》さい時《とき》□《ゆみ》□《や》で遊《あそ》んだ。

□《ゆみ》で□《や》をいる行事《ぎょうじ》がある。

行《い》き先《さき》を□《や》じるしでしめす。

姉《ねえ》さんは□《ゆみ》を引《ひ》く練習《れんしゅう》をする。

昔《むかし》は□《ゆみ》□《や》でけものをとった。

寺《てら》に□《ゆみ》と□《や》がある。

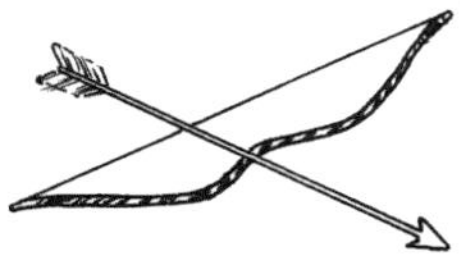

月　　日

点／10点

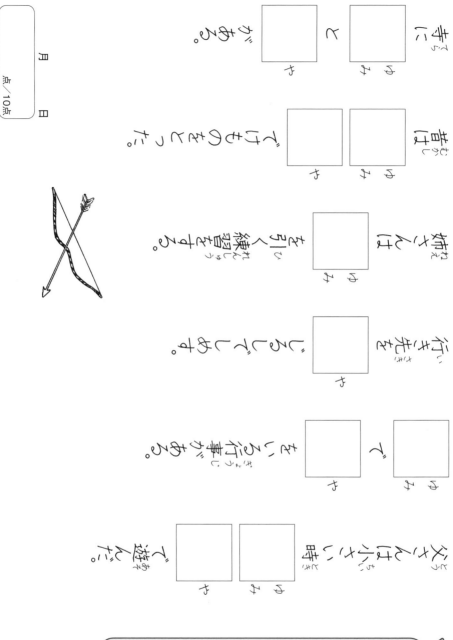

39 京《きょう》都《と》駅《えき》でお茶《ちゃ》を買《か》う。

京 キョウ
買 バイ かう

1. □《きょう》都《と》でおみやげを□《か》った。
2. 東《とう》□《きょう》までの切《きっ》ぷを□《か》った。
3. 家《いえ》を売《ばい》□《ばい》する店《みせ》もある。
4. 上《じょう》□《きょう》してほう石《せき》を売《ばい》□《ばい》する。
5. 東《とう》□《きょう》スカイツリーを見《み》た。
6. □《きょう》都《と》駅《えき》でお茶《ちゃ》を□《か》う。

だんだん　なれて　きたかな？

月　　日

点／10点

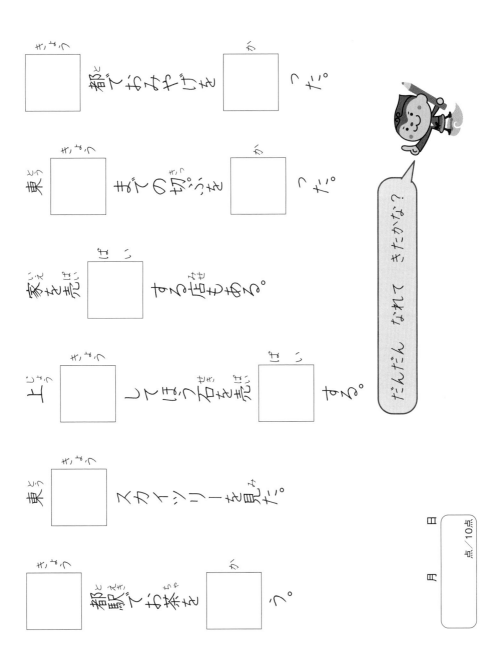

40 パンを売《う》る店《みせ》。

売　うる　バイ
店　みせ　テン

大学《だいがく》の□《ばい》□《てん》では本《ほん》も売《う》る。

年《ねん》まつ大《おお》□《う》り出《だ》しでにぎわう。

土地《とち》を□《ばい》買《ばい》する□《みせ》もある。

肉屋《にくや》さんは肉《にく》を□《う》る。

□《みせ》先《さき》で古本《ふるほん》を□《う》る。

パンを□《う》る□《みせ》。

月　　日

点／10点

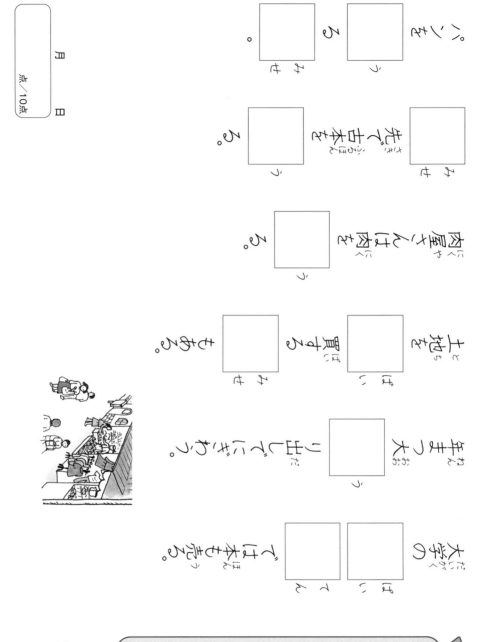

41 馬車《ばしゃ》が近《ちか》づく。

馬　バ　うま

近　キン　ちかい

□《ちか》くのぼく場《じょう》で□《うま》を見《み》た。

□《きん》所《じょ》の友人《ゆうじん》と竹《たけ》□《うま》で遊《あそ》ぶ。

□《ちか》道《みち》をして帰《かえ》る。

□《ば》場《ば》を□《うま》が走《はし》る。

遠《えん》□《きん》をしっかり見《み》て絵《え》をかく。

□《ば》車《しゃ》が□《ちか》づく。

月　日

点／10点

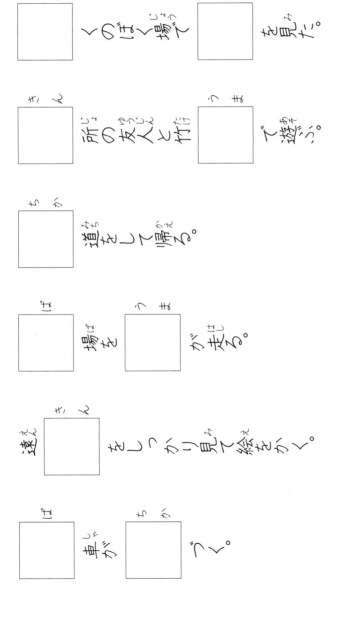

42 鳥《とり》の形《かたち》の雲《くも》を見《み》た。

鳥　チョウ　とり

形　ケイ　ギョウ　かた　かたち

おばあさんの□《かた》見《み》の人《にん》□《ぎょう》。

三角《さんかく》□《けい》と四角《しかく》□《けい》。

父《ちち》と野《や》□《ちょう》をかんさつした。

小《こ》□《とり》の鳴《な》き声《ごえ》で目《め》がさめた。

円《えん》□《けい》の紙《かみ》に□《とり》の絵《え》をかいた。

□《とり》の□《かたち》の雲《くも》を見《み》た。

月　　日

点／10点

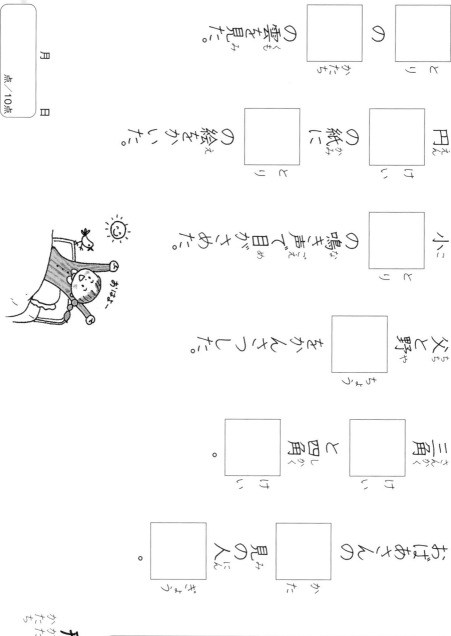

43 万《まん》歩《ぽ》計《けい》をして歩《ある》く母《はは》。

万　マン

歩　ホ　あるく　あゆむ

一《いち》□《まん》人《にん》がマラソンにさんか。

□《ほ》道橋《どうきょう》に一《いち》□《まん》円《えん》の落《お》とし物《もの》。

二人《ふたり》のいうことは五十《ごじっ》□《ぽ》百《ひゃっ》□《ぽ》。

毎日《まいにち》の□《あゆ》みを日記《にっき》に書《か》く。

土曜日《どようび》に山《やま》□《ある》きに行《い》く。

□《まん》□《ぽ》計《けい》をして□《ある》く母《はは》。

月　　日

点／10点

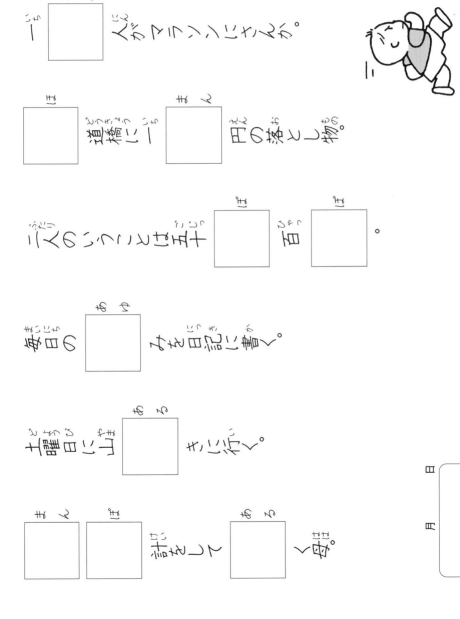

44 毎《まい》日《にち》計《けい》算《さん》をする。

毎 マイ

計 ケイ　はかる　はからう

＊時計《とけい》

□《まい》朝《あさ》さん歩《ぽ》をする。

□《まい》週《しゅう》□《けい》算《さん》の時《じ》間《かん》を□《はか》る。

大《おお》きな古《ふる》時□《どけい》がある。

休《やす》んだ人数《にんずう》を□《まい》月合《つきごう》□《けい》する。

うまくいくように取《と》り□《はか》らう。

□《まい》日《にち》□《けい》算《さん》をする。

月　　日

点／10点

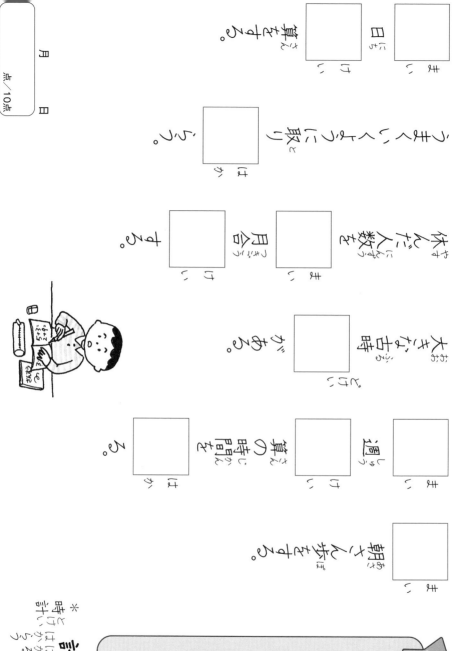

45 足《あし》元《もと》で虫《むし》が鳴《な》く。

元 ゲン ガン もと

鳴 メイ なく なる ならす

小鳥《ことり》が□《げん》気《き》に□《な》いている。

□《がん》日《じつ》にすずを□《な》らした。

チャイムが直《なお》り□《もと》通《どお》りに□《な》る。

子《こ》どもの悲《ひ》□《めい》が聞《き》こえた。

地《じ》□《もと》の人《ひと》の話《はなし》を聞《き》く。

足《あし》□《もと》で虫《むし》が□《な》く。

月　　日

点／10点

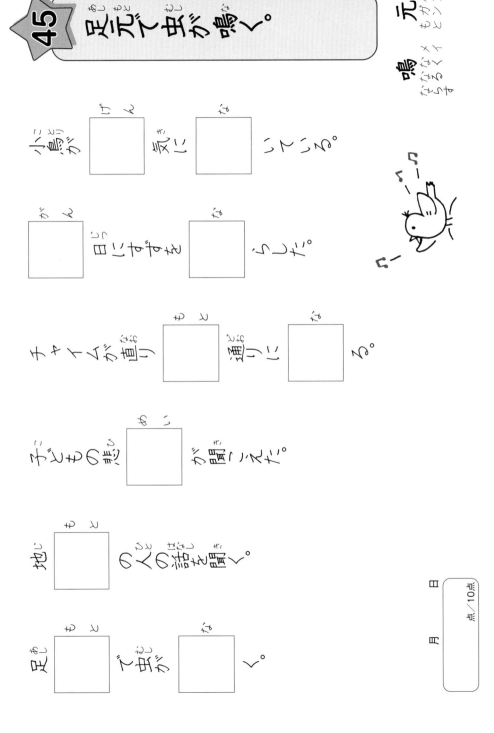

46 友人《ゆうじん》に一言《ひとこと》言《い》い返《かえ》す。

友 ユウ とも

言 ゲン ゴン いう こと

母《はは》の□《い》い方《かた》をまねる。

親《しん》□《ゆう》のひとり□《ごと》を聞《き》いた。

ていねいな□《こと》葉《ば》で話《はな》す。

□《とも》だちにでん□《ごん》をたのむ。

おじいさんは方《ほう》□《げん》で話《はな》す。

□《ゆう》人《じん》に一《ひと》□《こと》□《い》い返《かえ》す。

月　日

点／10点

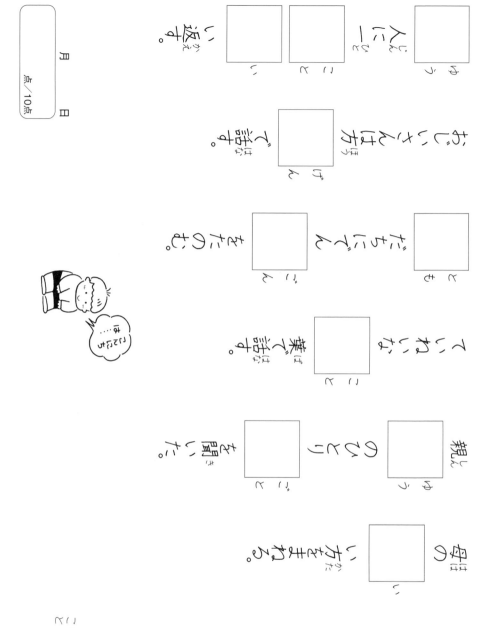

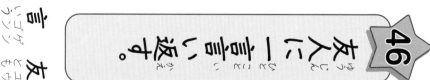

47 野《の》原《はら》で元《げん》気《き》に遊《あそ》ぶ。

野 ヤ の

原 ゲン はら

＊川原《かわら》

川□《かわら》で□《や》草《そう》をつんだ。

□《や》球《きゅう》のせん手《しゅ》になりたい。

高《こう》□《げん》の□《や》外活動《がいかつどう》にさんかする。

□《げん》こう用紙《ようし》に作文《さくぶん》を書《か》く。

□《はら》っぱで□《の》ねずみを見《み》た。

□《の》□《はら》で元《げん》気《き》に遊《あそ》ぶ。

月　　日

点／10点

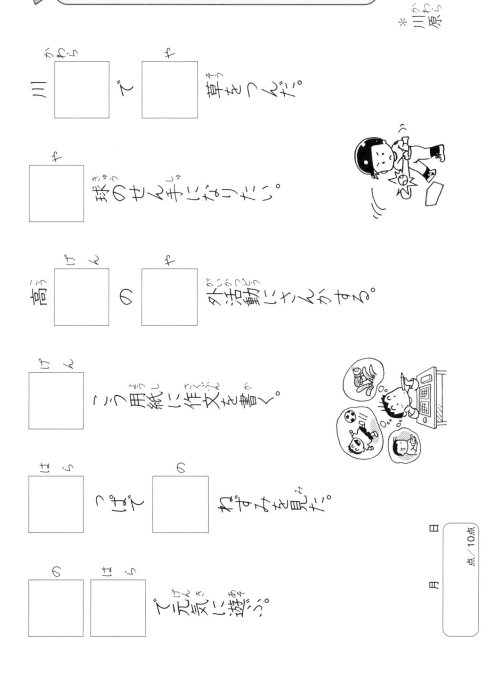

48 弟《おとうと》は年《ねん》長《ちょう》組《ぐみ》です。

長 チョウ ながい

組 ソ くむ くみ

かみの□《なが》い二《に》□《くみ》の女《おんな》の子《こ》。

二人《ふたり》一《ひと》□《くみ》で□《ちょう》文《ぶん》を読《よ》む。

会《かい》□《ちょう》は□《そ》しきの代表《だいひょう》です。

いろいろな色《いろ》の□《く》み合《あ》わせ。

楽《たの》しい番《ばん》□《ぐみ》がたくさんある。

弟《おとうと》は年《ねん》□《ちょう》□《ぐみ》です。

まちがえた　ところは
もう１回《かい》　たしかめよう！

月　　日

点／10点

49 古風《こふう》な作《つく》りの古本屋《ふるほんや》。

古　コ　ふるい　ふるす

風　フウ　かぜ　かざ

使《つか》い□《ふる》したおもちゃで遊《あそ》ぶ。

中《ちゅう》□《こ》の自転車《じてんしゃ》に乗《の》る。

□《かざ》向《む》きが急《きゅう》にかわった。

□《ふる》い□《かざ》車《ぐるま》の絵《え》があった。

台《たい》□《ふう》の強《つよ》い□《かぜ》がふいてきた。

□《こ》□《ふう》な作《つく》りの□《ふる》本屋《ほんや》。

月　　日

点／10点

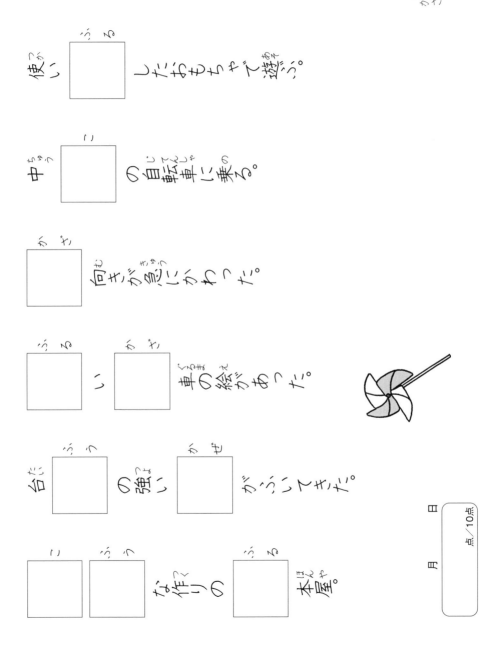

50 午後《ごご》は晴《は》れます。

午《ゴ》 後《あと うしろ のち コウ ゴ》

明日《あす》は晴《は》れ□《のち》くもりでしょう。

□《ご》□《ご》にし合《あい》の□《こう》半《はん》を見《み》ました。

正《しょう》□《ご》から□《あと》は見《み》ていません。

前《まえ》と□《うし》ろをたしかめて着《き》る。

きちんと□《あと》かたづけをする。

□《ご》□《ご》は晴《は》れます。

月　日

点／10点

おうちの方へ

「午後」、どちらも「ゴ」なので迷うときがあるでしょう。「午前・午後」と覚えると、「午」が先だとわかりますね。

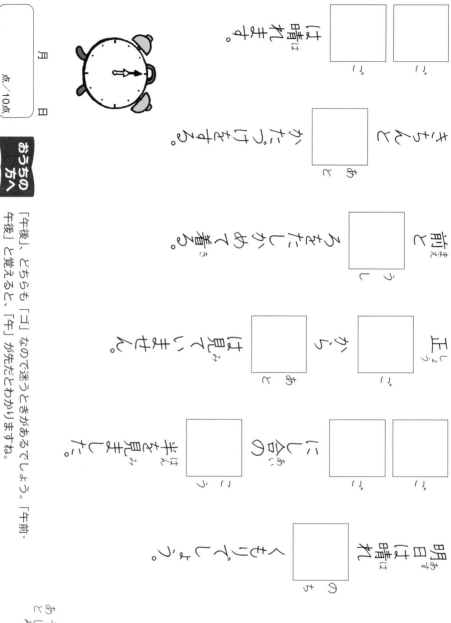

51 電車《でんしゃ》は線路《せんろ》を走《はし》る。

電《デン》
線《セン》

新《しん》かん□《せん》は□《でん》気《き》で走《はし》る。

家《いえ》の□《でん》話《わ》には□《せん》がある。

ものさしを使《つか》って点《てん》□《せん》を引《ひ》く。

かん□《でん》池《ち》で動《うご》くおもちゃ。

大雪《おおゆき》で□《でん》□《せん》が切《き》れた。

□《でん》車《しゃ》は□《せん》路《ろ》を走《はし》る。

月　日

点／10点

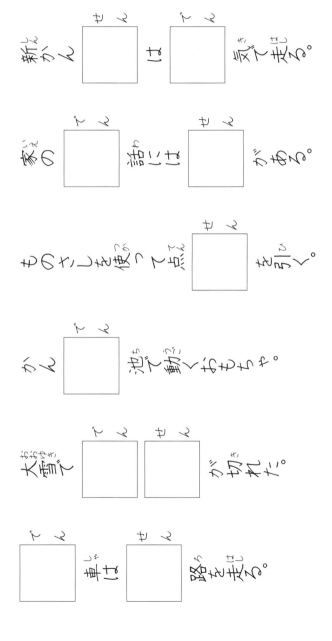

52 交通公園《こうつうこうえん》へ行《い》く。

交 コウ まじわる まじる

通 ツウ とおる かよう

□《こう》□《つう》安全《あんぜん》に気《き》をつける。

□《こう》さ点《てん》は気《き》をつけて□《とお》る。

すなと石《いし》が□《ま》じっている。

学校《がっこう》へ□《かよ》う道《みち》に□《こう》番《ばん》がある。

道路《どうろ》が□《まじ》わっている。

□《こう》□《つう》公園《こうえん》へ行《い》く。

月　　日　　点／10点

おうちの方へ

「交わる・交じる」、「通う・通る」、「行く・行く・行う」などは、読みや送りがなに気をつけさせましょう。

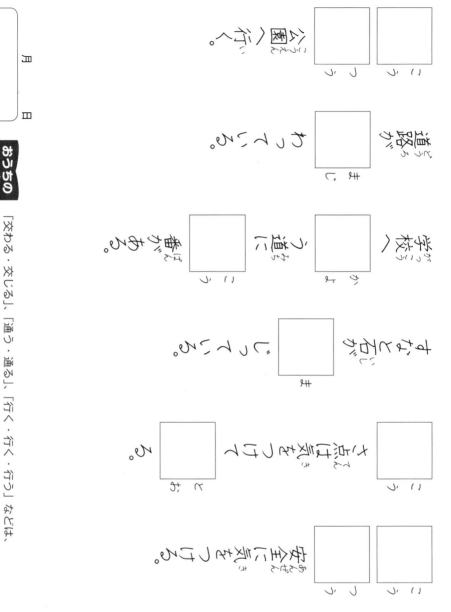

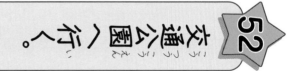

53 公園《こうえん》へ行《い》って遊《あそ》ぶ。

公　コウ

行　コウ　ギョウ　いく　ゆく　おこなう

□《こう》進曲《しんきょく》に合《あ》わせて歩《ある》く。

□《こう》園《えん》への道《みち》は通《つう》□《こう》止《ど》め。

三《さん》□《ぎょう》目《め》に「□《こう》園《えん》」と書《か》いた。

□《ゆ》く手《て》をふさぐ主人《しゅじん》□《こう》。

これから朝《あさ》の会《かい》を□《おこな》います。

□《こう》園《えん》へ□《い》って遊《あそ》ぶ。

月　　日

点／10点

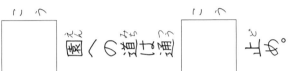

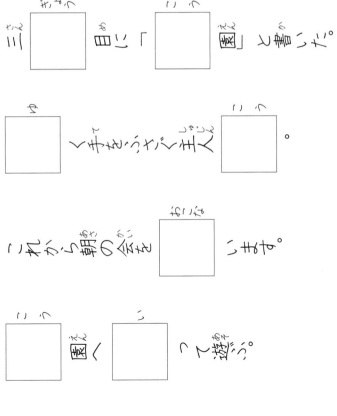

54 夜空《よぞら》に星《ほし》が光《ひか》る。

星 ほし セイ

光 ひかり ひかる コウ

一番《いちばん》□《ほし》の金《きん》□《せい》が□《ひか》る。

日《にっ》□《こう》はとてもまぶしい。

虫《むし》が青白《あおじろ》い□《ひかり》を出《だ》している。

いな□《びかり》が空《ぞら》で□《ひか》っている。

冬《ふゆ》の□《ほし》空《ぞら》はきれいに見《み》える。

夜空《よぞら》に□《ほし》が□《ひか》る。

月　日　点／10点

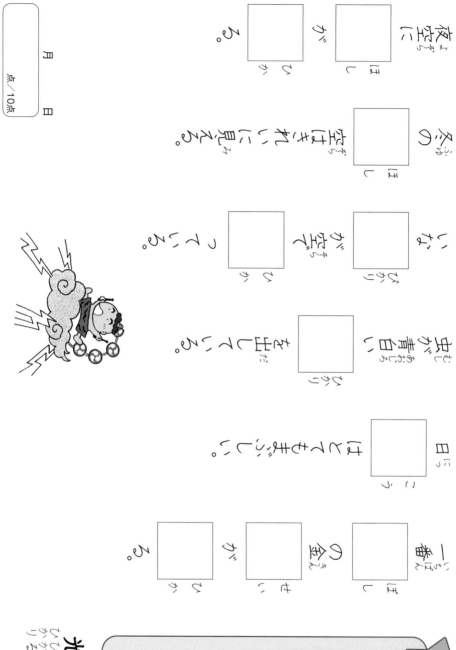

55 高《こう》学《がく》年《ねん》の考《かん》えを聞《き》く。

高　コウ　たかい　たか　たかまる　たかめる

考　コウ　かんがえる

兄《あに》は□《たか》台《だい》の□《こう》校《こう》に通《かよ》う。

思《し》□《こう》する力《ちから》が□《たか》まる。

売上《うりあげ》□《だか》を□《たか》める。

よく□《かんが》えて行動《こうどう》する。

□《たか》いビルがたくさんある町《まち》。

□《こう》学年《がくねん》の□《かんが》えを聞《き》く。

月　日

点／10点

56 黄《き》色《いろ》と赤《あか》と青《あお》で絵《え》をかく。

黄　オウ　き

色　ショク　シキ　いろ

□《き》□《いろ》い花《はな》を□《いろ》えんぴつでかく。

□《おう》金《ごん》のとうがある寺《てら》。

五《ご》□《しき》の短《たん》ざく。

□《いろ》紙《がみ》に三原《さんげん》□《しょく》で絵《え》をかく。

美《うつく》しい笛《ふえ》の音《ね》□《いろ》。

□《き》□《いろ》と赤《あか》と青《あお》で絵《え》をかく。

月　日

点／10点

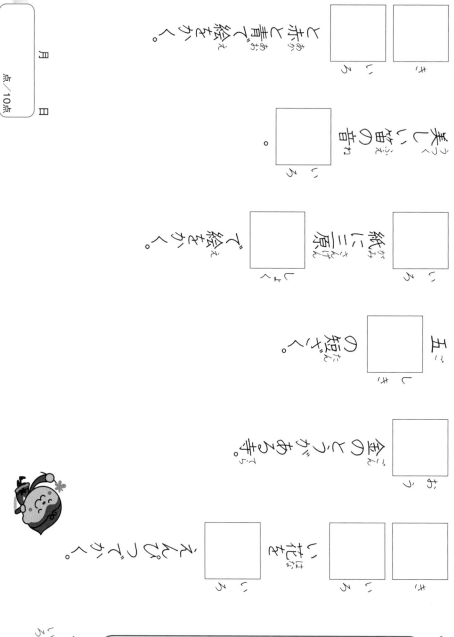

57 答《こた》え合《あ》わせで百点《ひゃくてん》だ。

答
トウ
こたえる
こたえ

合
ゴウ
ガッ
カッ
あう
あわせる

回《かい》□《とう》した人《ひと》は□《ごう》計十人《けいじゅうにん》。

会《かい》□《ごう》で話《はな》し□《あ》いをした。

学年《がくねん》□《ごう》同《どう》で□《がっ》しょうした。

はっきりと□《こた》えます。

『さるかに□《かっ》戦《せん》』を読《よ》む。

□《こた》え□《あ》わせで百点《ひゃくてん》だ。

月　　日

点／10点

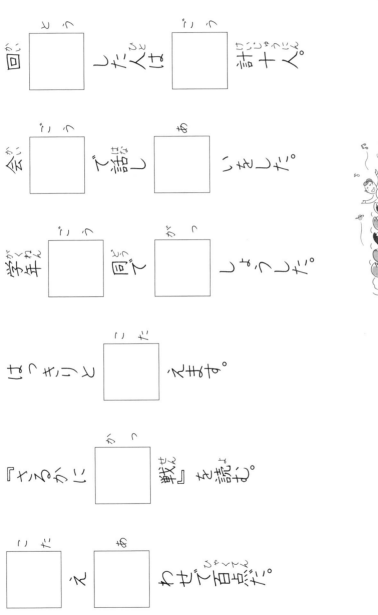

58 太《ふと》った鳥《とり》が多《おお》い。

太 タイ　タ　ふとい　ふとる

多 タ　おおい

□《ふと》くて高《た》い木《き》が□《おお》い。

□《た》数《すう》の丸《まる》□《た》がある。

□《たい》陽《よう》の光《ひかり》が黄色《きいろ》く見《み》える。

おかしを□《おお》く食《た》べると□《ふと》るよ。

星《ほし》は数《かず》が□《おお》い。

□《ふと》った鳥《とり》が□《おお》い。

月　　日

点／10点

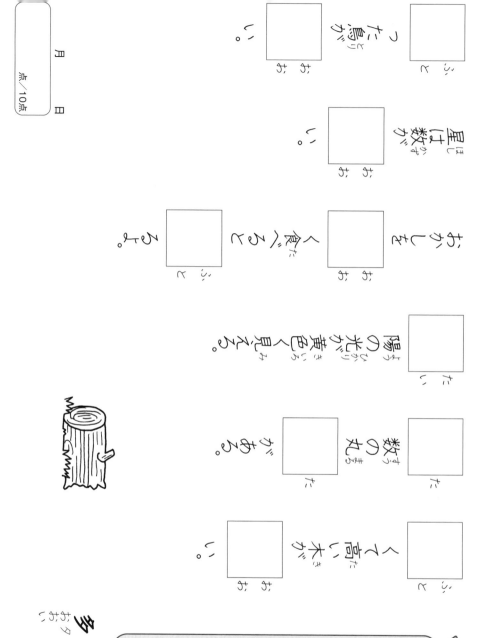

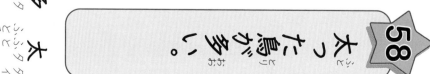

59 谷《たに》に細《ほそ》い花《はな》がさく。

谷　たに
細　サイ　ほそい　ほそる　こまかい

□《ほそ》い□《たに》川《がわ》をわたる。

□《たに》の□《ほそ》道《みち》を下《くだ》る。

□《たに》間《ま》に□《こま》かい石《いし》がある。

身《み》が□《ほそ》る思《おも》いをした。

紙《かみ》□《ざい》工《く》のきれいなかざり。

□《たに》に□《ほそ》い花《はな》がさく。

月　　日

点／10点

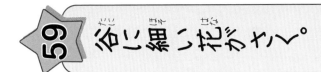

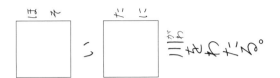

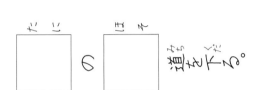

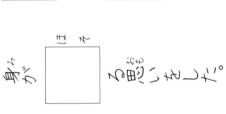

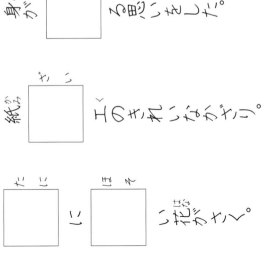

60 今《いま》から作文《さくぶん》を書《か》く。

今 コン　いま
＊今日《きょう》

作 サク　サ　つくる

□《きょう》日はカレーを□《つく》る。

□《こん》週《しゅう》はおし花《ばな》の□《つく》り方《かた》を習《なら》う。

□《こん》夜《や》は手《て》□《づく》りりょう理《り》。

細《こま》かい動《どう》□《さ》をする。

□《いま》すぐ帰《かえ》りなさい。

□《いま》から□《さく》文《ぶん》を書《か》く。

月　　日

点／10点

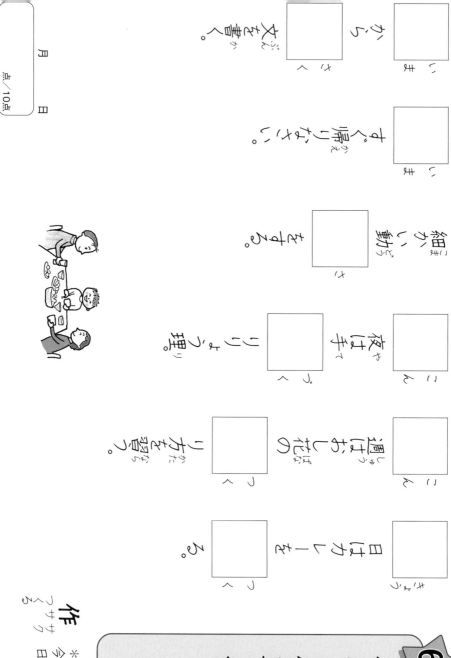

61 じょ雪《せつ》車《しゃ》が止《と》まる。

雪　セツ　ゆき

止　シ　とまる　とめる

大《おお》□《ゆき》で学《がく》げい会《かい》が中《ちゅう》□《し》。

□《ゆき》山《やま》へ行《い》くのはきんし□《し》。

立《た》ち□《ど》まり□《ゆき》げしきを見《み》る。

冬《ふゆ》は風《ふう》□《せつ》がきびしい。

細《こま》かい□《ゆき》がふってきた。

じょ□《せつ》車《しゃ》が□《と》まる。

月　　日

点／10点

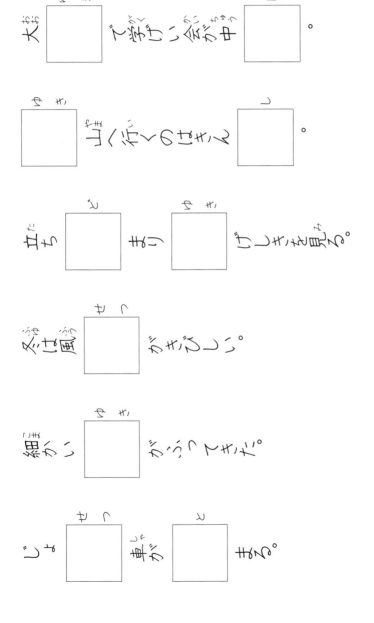

62 明日《あす》、市《し》役《やく》所《しょ》に行《い》く。

明 メイ ミョウ あかり あかるい あきらか あける
＊明日《あす》

市 シ いち

□《あか》るいうちに□《いち》場《ば》に行《い》く。

夜《よ》が□《あ》ける前《まえ》の魚《うお》□《いち》場《ば》。

せつ□《めい》を聞《き》き□《あき》らかになる。

□《みょう》朝《ちょう》は早《はや》く起《お》きる。

月《つき》□《あ》かりにてらされた道《みち》。

□《あす》日、□《し》役《やく》所《しょ》に行《い》く。

月　日

点／10点

おうちの方へ

「明」は読みが多い字です。問題文を何度も読んで、使い方を確かめさせましょう。

63 自分《じぶん》で字《じ》を直《なお》す。

自　ジ　シ　みずから

直　チョク　ジキ　ただちに　なおす　なおる

こしょうが□《し》ぜんに□《なお》る。

□《じ》動車《どうしゃ》で□《ただ》ちに出発《しゅっぱつ》します。

よいと思《おも》うことを□《みずか》ら行《おこな》う。

日《にっ》□《ちょく》は毎日《まいにち》かわります。

□《じ》分《ぶん》から正《しょう》□《じき》に言《い》う。

□《じ》分《ぶん》で字《じ》を□《なお》す。

月　　日

点／10点

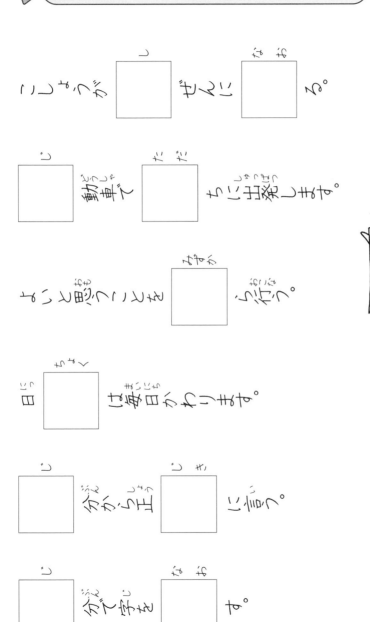

64 そこが弱点《じゃくてん》だと思《おも》う。

弱 ジャク よわい よわまる

思 シ おもう

この肉《にく》は□《よわ》火《び》がいいと□《おも》う。

風《かぜ》は午後《ごご》には□《よわ》まると□《おも》う。

□《し》考力《こうりょく》が□《よわ》まった。

自分《じぶん》の□《おも》いをしっかり書《か》く。

強《きょう》□《じゃく》をつけて歌《うた》う。

そこが□《じゃく》点《てん》だと□《おも》う。

月　　日

点／10点

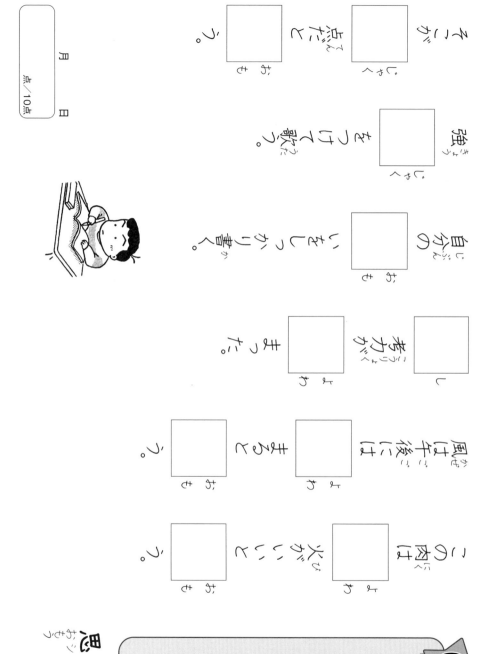

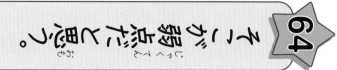

65 画《が》用《よう》紙《し》に絵《え》をかく。

用 ヨウ もちいる

紙 シ かみ

□《かみ》を□《もち》いた工作《こうさく》。

工作《こうさく》で使《つか》う色《いろ》□《がみ》を□《よう》意《い》した。

火《ひ》の□《よう》心《じん》の□《かみ》しばい。

新聞《しんぶん》□《し》をリサイクル。

心《こころ》をこめて手《て》□《がみ》を書《か》く。

画《が》□《よう》□《し》に絵《え》をかく。

月　　日

点／10点

66 頭《あたま》も首《くび》も大切《たいせつ》です。

頭 トウ ズ あたま
首 シュ くび

百人一《ひゃくにんいっ》□《しゅ》は手《て》□《くび》を使《つか》う。

□《くび》の長《なが》いキリンが三《さん》□《とう》。

□《ず》上《じょう》を見上《みあ》げて□《くび》がいたい。

日本《にほん》の□《しゅ》都《と》は東京《とうきょう》です。

□《あたま》を使《つか》ってよく考《かんが》える。

□《あたま》も□《くび》も大切《たいせつ》です。

月　　日

点／10点

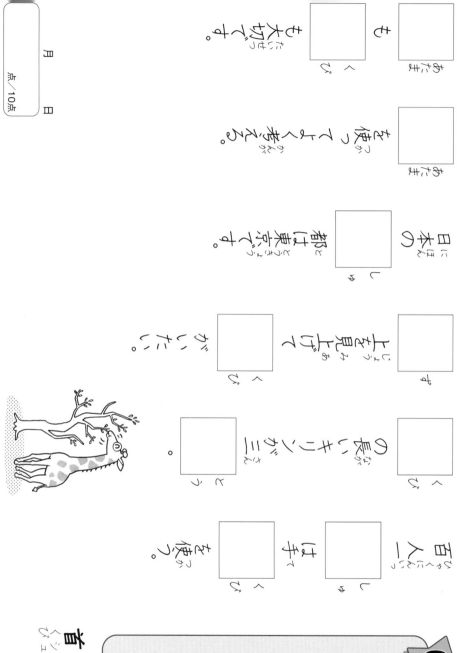

67 来《らい》週《しゅう》運《うん》動《どう》会《かい》を行《おこな》う。

来　ライ　くる（こない）（きます）

週　シュウ

□《らい》月《げつ》また□《く》る。

一《いっ》□《しゅう》間《かん》も□《こ》ない時《とき》がある。

先《せん》□《しゅう》も□《き》たよ。

□《く》る日《ひ》も来《く》る日《ひ》も練習《れんしゅう》。

毎《まい》□《しゅう》山《やま》に登《のぼ》ります。

□《らい》□《しゅう》運動会《うんどうかい》を行《おこな》う。

月　　日

点／10点

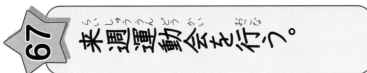

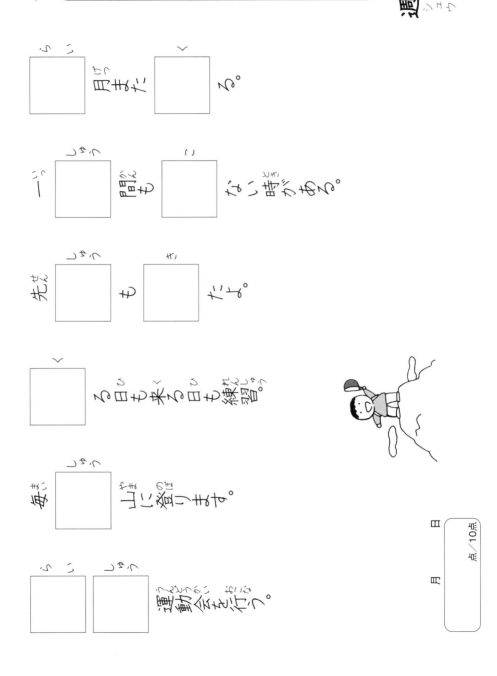

68 茶《ちゃ》色《いろ》の紙《かみ》に字《じ》を書《か》く。

茶《チャ》　書《ショ・かく》

米《こめ》とお□《ちゃ》を買《か》った。

書《しょ》名《めい》が横《よこ》□《が》きの本《ほん》。

□《しょ》店《てん》の横《よこ》はお□《ちゃ》の店《みせ》。

図《と》□《しょ》館《かん》は□《ちゃ》色《いろ》のたて物《もの》です。

古《ふる》い教《きょう》科《か》□《しょ》が□《ちゃ》色《いろ》になる。

□《ちゃ》色《いろ》の紙《かみ》に字《じ》を□《か》く。

月　　日

点／10点

69 先生《せんせい》は少食《しょうしょく》です。

少　ショウ　すくない　すこし

食　ショク　くう　たべる

□《しょう》年《ねん》はたくさん□《た》べた。

もう□《すこ》しで夕《ゆう》□《しょく》ができるよ。

□《しょく》後《ご》は□《すこ》し休《やす》みましょう。

今年《ことし》の冬《ふゆ》は雪《ゆき》が□《すく》ない。

おすもうさんは大《おお》□《ぐ》いです。

先生《せんせい》は□《しょう》□《しょく》です。

月　　日

点／10点

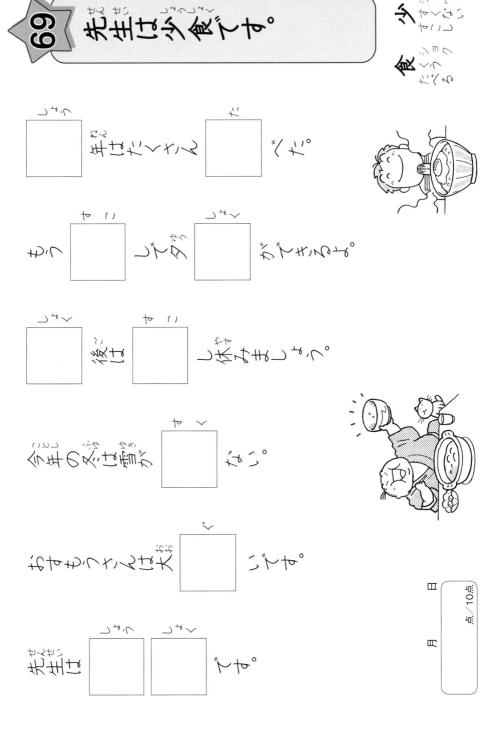

70 昼《ひる》も夜《よる》も雨《あめ》がふる。

昼　チュウ　ひる

夜　ヤ　よ　よる

兄《あに》は□《ひる》間《ま》勉強《べんきょう》で□《よる》仕事《しごと》。

母《かあ》さんは□《ひる》も□《よる》も仕事《しごと》。

□《ちゅう》□《や》ともるす番《ばん》をする。

□《ひる》休《やす》みにしっかり遊《あそ》ぶ。

□《よ》明《あ》け前《まえ》は寒《さむ》い。

□《ひる》も□《よる》も雨《あめ》がふる。

月　　日

点／10点

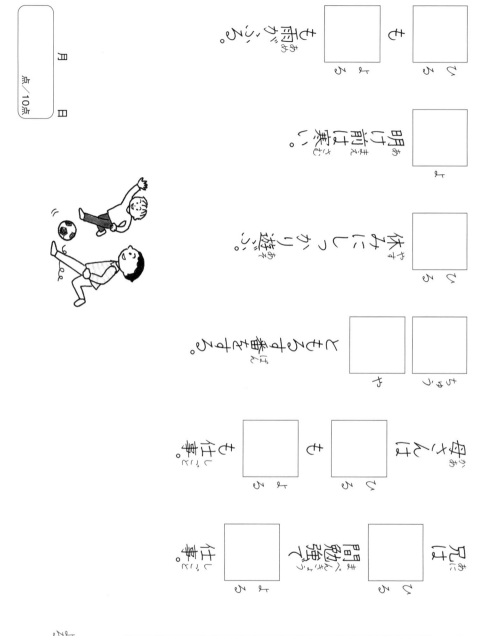

71 親《おや》の心《こころ》子《こ》知《し》らず。

心　シン　こころ

知　チ　しる

□《し》り合《あ》いがいないと□《こころ》細《ぼそ》い。

□《ち》人《じん》がいると安《あん》□《しん》する。

□《ち》しき中《ちゅう》□《しん》でもおもしろい。

大事《だいじ》なことは親《おや》に□《し》らせる。

□《こころ》をこめて小麦《こむぎ》をねる。

親《おや》の□《こころ》子《こ》□《し》らず。

月　　日

点／10点

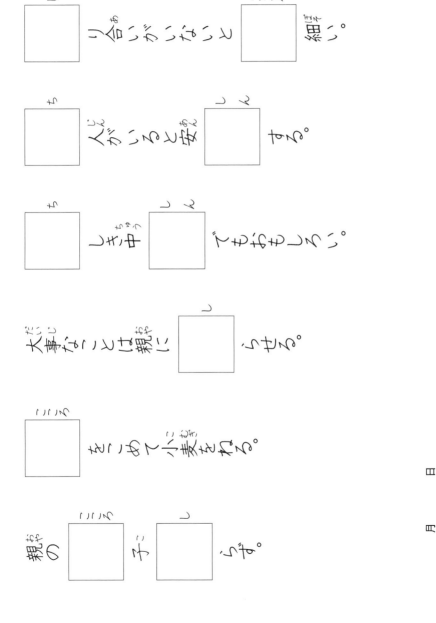

72 新《あたら》しい校門《こうもん》ができた。

新 シン　あたらしい　あらた

門 モン

古《ふる》□《しん》聞《ぶん》を□《もん》の外《そと》に出《だ》した。

□《しん》入生《にゅうせい》が正《せい》□《もん》から入《はい》る。

□《しん》年《ねん》は□《もん》にマツをかざる。

姉《あね》は□《あら》たな道《みち》を歩《ある》き出《だ》した。

兄《あに》は名《めい》□《もん》高校《こうこう》に入学《にゅうがく》した。

□《あたら》しい校《こう》□《もん》ができた。

月　　日

点／10点

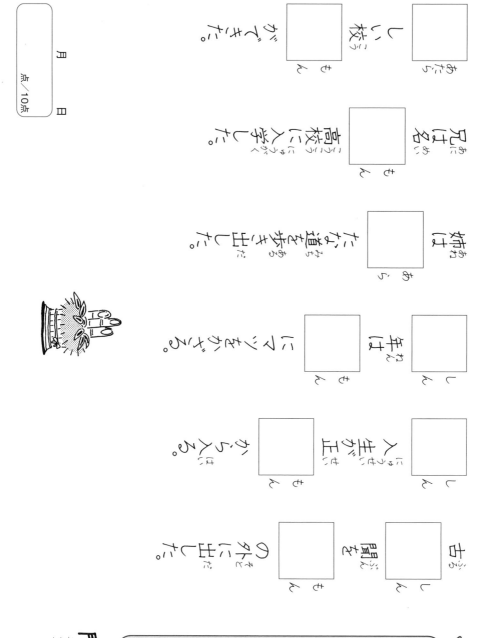

73 門《もん》の前《まえ》で大声《おおごえ》を出《だ》す。

前　ゼン　まえ
声　セイ　こえ

目《め》の□《まえ》に有名《ゆうめい》な□《せい》ゆうがいる。

□《まえ》に出《で》て大《おお》きな□《こえ》で本《ほん》を読《よ》む。

名《な》□《まえ》をよばれ□《まえ》へ出《で》る。

かけ□《ごえ》をそろえて走《はし》る。

□《ぜん》後左右《ごさゆう》をよく見《み》てわたる。

門《もん》の□《まえ》で大《おお》□《ごえ》を出《だ》す。

月　　日
点／10点

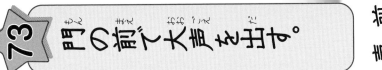

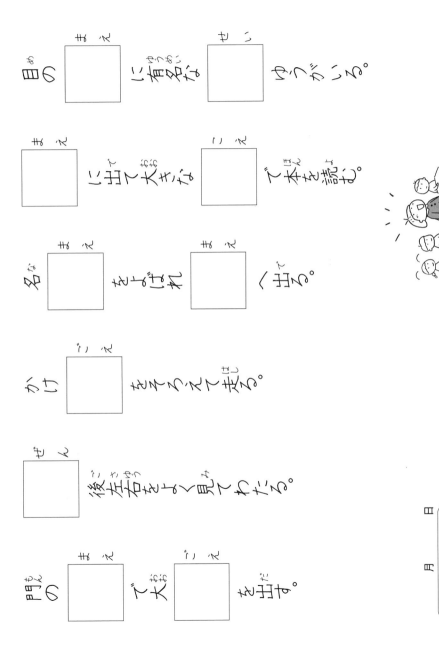

74 船《ふね》が波《なみ》を切《き》って進《すす》む。

船《セン・ふね・ふな》　切《セツ・きる》

□《ふね》のエンジンを□《き》る。

紙《かみ》を□《き》って風《ふう》□《せん》を作《つく》る。

親《しん》□《せつ》な□《せん》長《ちょう》さん。

父《ふ》母《ぼ》は□《ふな》旅《たび》に出《で》た。

手《て》紙《がみ》に□《きっ》手《て》をはる。

□《ふね》が波《なみ》を□《き》って進《すす》む。

月　　日

点／10点

おうちの方へ

「切る」は、組み合わさって名詞を作るとき、「切手」「切符」と書きます。「切った」のように小さい「つ」を書きません。

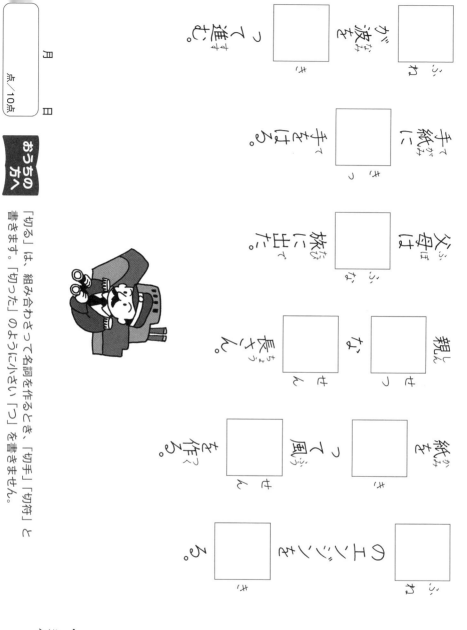

75 台風《たいふう》がすぎて晴《は》れた。

台　ダイ　タイ
晴　セイ　はれる

□《は》れた日《ひ》にすべり□《だい》で遊《あそ》ぶ。

秋《あき》□《ば》れの日《ひ》、□《だい》地《ち》でいねむり。

□《は》れたので物《もの》ほし□《だい》に出《で》た。

□《だい》所《どころ》で台本《だいほん》を読《よ》む。

本日《ほんじつ》は□《せい》天《てん》です。

□《たい》風《ふう》がすぎて□《は》れた。

月　日

点／10点

76 この里《さと》の半《はん》分《ぶん》は麦《むぎ》畑《ばたけ》。

里　リ　さと
半　ハン　なかば

千《せん》□《り》の道《みち》の□《なか》ばごろ。

上《うえ》□《はん》分《ぶん》は□《さと》いも畑《ばたけ》。

□《さと》帰《がえ》りに三《さん》時《じ》間《かん》□《はん》かかった。

山《やま》□《ざと》のたぬきの糸《いと》車《ぐるま》。

三《さん》月《がつ》も□《なか》ばをすぎた。

この□《さと》の□《はん》分《ぶん》は麦《むぎ》畑《ばたけ》。

月　　日

点／10点

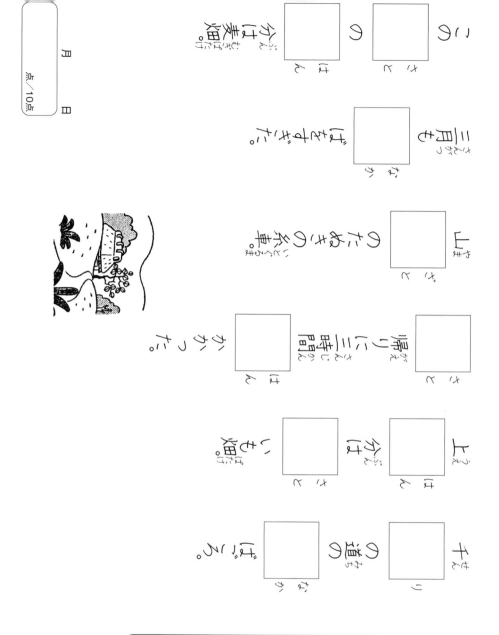

77 同《おな》じ話《はなし》を何《なん》度《ど》も聞《き》く。

同　ドウ　おなじ

話　ワ　はなす　はなし

□《おな》い年《どし》で□《はなし》が合《あ》う。

□《どう》学年《がくねん》で□《はな》し合《あ》う。

□《おな》じしゅみで会《かい》□《わ》がはずむ。

ツバメが□《おな》じ方向《ほうこう》へとぶ。

楽《たの》しい□《はなし》で時間《じかん》をわすれる。

□《おな》じ□《はなし》を何度《なんど》も聞《き》く。

月　　日

点／10点

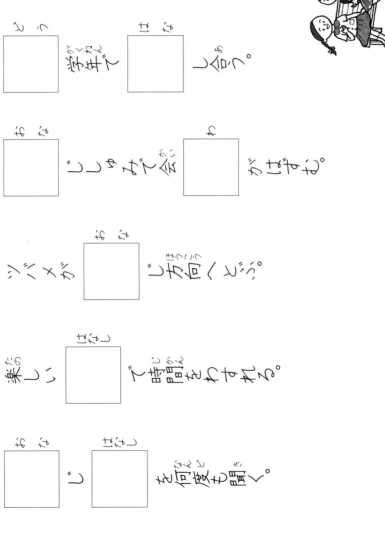

78 電《でん》池《ち》で走《はし》る車《くるま》。

池　チ　いけ

走　ソウ　はしる

ため□《いけ》のまわりを□《はし》る。

ちょ水《すい》□《ち》まで小《こ》□《ばし》りで行《い》く。

□《いけ》のまわりを車《くるま》が□《はし》る。

ぼくはリレーの第一《だいいち》□《そう》者《しゃ》。

□《いけ》の金魚《きんぎょ》にえさをやる。

電《でん》□《ち》で□《はし》る車《くるま》。

月　　日

点／10点

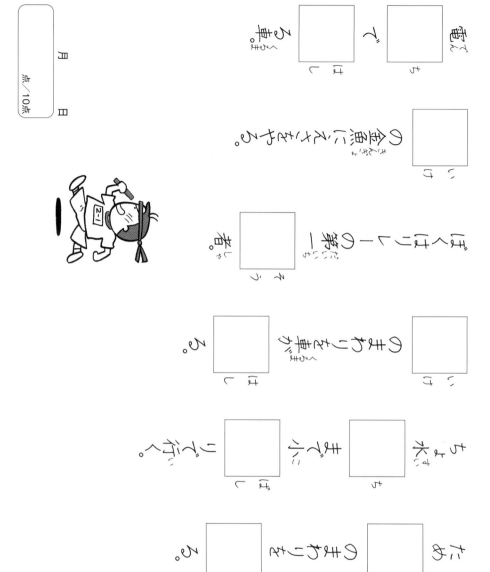

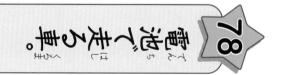

79 聞《き》き方《かた》を勉強《べんきょう》する。

聞 ブン　きく　きこえる
方 ホウ　かた

1. 話《はな》し［　］《かた》を［　］《き》いてもらう。
2. 地《ち》［　］《ほう》でも新《しん》［　］《ぶん》が来《く》る。
3. 四《し》［　］《ほう》八方《はっぽう》から音《おと》が［　］《き》こえる。
4. 明《あ》け［　］《がた》に小鳥《ことり》の声《こえ》がする。
5. 外《がい》［　］《ぶん》を気《き》にしない。
6. ［　］《き》き［　］《かた》を勉強《べんきょう》する。

月　　日

点／10点

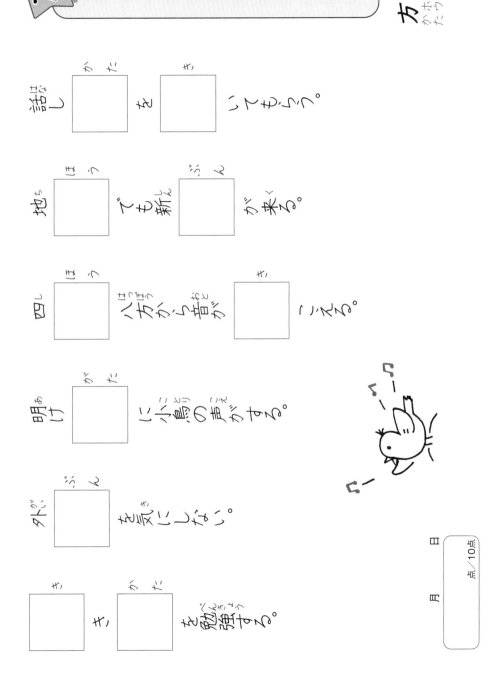

80 体《たい》育《いく》のテストで百《ひゃく》点《てん》。

体 タイ　からだ

点 テン

□《てん》字《じ》を□《からだ》を使《つか》って読《よ》む。

どの地《ち》□《てん》まで□《たい》力《りょく》が持《も》つか。

せい火《か》台《だい》の本《ほん》□《たい》に□《てん》火《か》。

運《うん》動《どう》して強《つよ》い□《からだ》を作《つく》る。

□《てん》と丸《まる》に気《き》をつけて読《よ》む。

□《たい》育《いく》のテストで百《ひゃく》□《てん》。

月　　日

点／10点

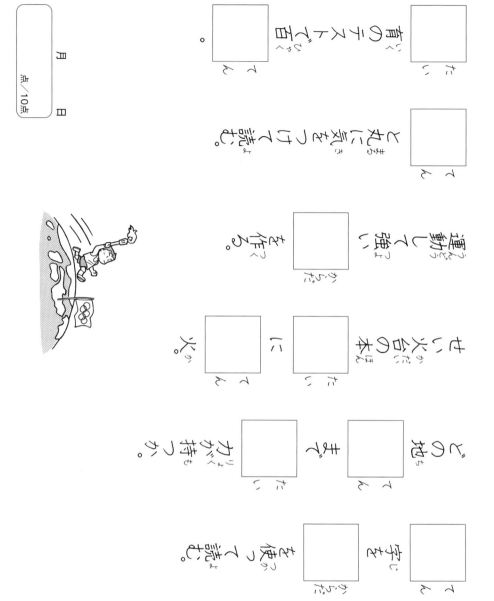

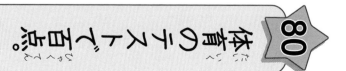

81 黒《くろ》い雨《あま》がさをさした。

黒　コク　くろ　くろい
雨　あめ　あま

□《こく》雲《うん》だ。□《あめ》がふりそう。

□《くろ》い色《いろ》の画《が》用《よう》紙《し》がある。

海《うみ》で真《ま》っ□《くろ》にやけた。

□《くろ》い雲《くも》から□《あめ》がふる。

□《くろ》い屋《や》根《ね》から□《あま》水《みず》がたれる。

□《くろ》い□《あま》がさをさした。

月　日

点／10点

おうちの方へ　81からは、２巡目です。「遠足」「教室」「算数」「木曜」など覚えておきたい熟語（１年も含む）を多く並べています。

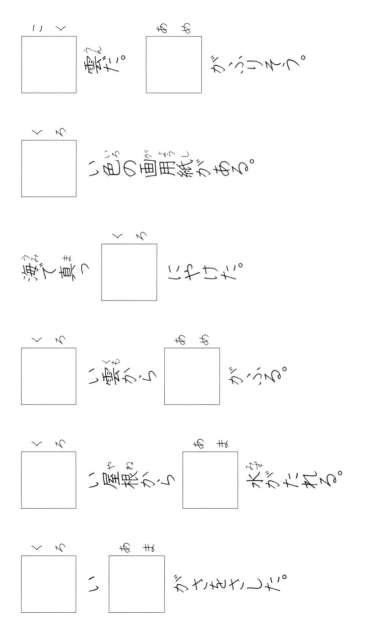

82

南風《みなみかぜ》がふいてくる。

南 ナン みなみ
風 フウ かぜ かざ

1. □《なん》方《ぽう》から□《かぜ》がふく。
2. 明日《あす》は□《みなみ》の□《かぜ》でしょう。
3. 台《たい》□《ふう》は□《みなみ》の海《うみ》でできる。
4. □《なん》北《ぼく》に道《みち》がつづく。
5. □《かざ》車《ぐるま》で遊《あそ》ぶ。
6. □《みなみ》□《かぜ》がふいてくる。

月　　日

点／10点

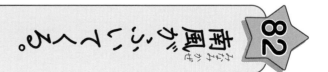

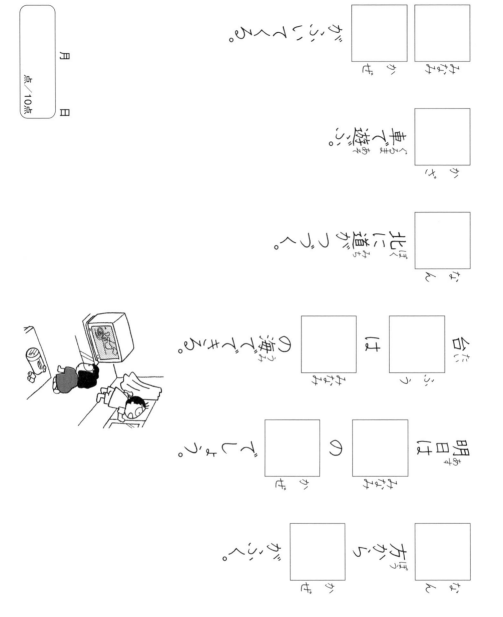

83 画《が》用《よう》紙《し》を半《はん》分《ぶん》に切《き》る。

画 ガ カク

紙 シ かみ

□《が》用《よう》□《し》に絵《え》をかく。

画《が》板《ばん》に□《が》用《よう》□《し》をおく。

図《ず》□《が》工《こう》作《さく》で□《かみ》細《さい》工《く》をする。

新《しん》聞《ぶん》□《し》を丸《まる》めてボール。

テレビは計《けい》□《かく》を立《た》てて見《み》る。

□《が》用《よう》□《し》を半《はん》分《ぶん》に切《き》る。

月　日

点／10点

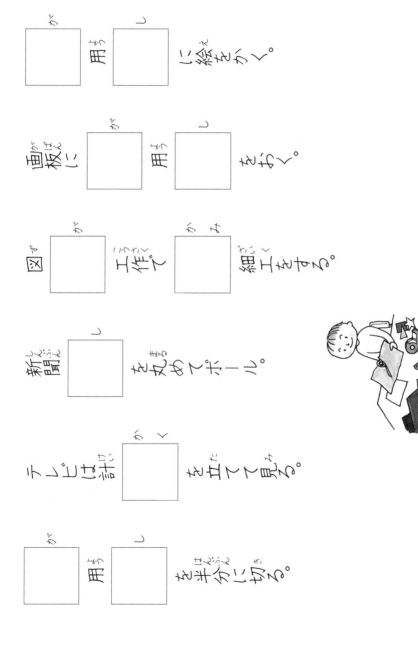

84 家《いえ》の前《まえ》に車《くるま》がとまる。

前　まえ　ゼン
家　いえ　や　カ

□《いえ》の□《まえ》は大《おお》きな道路《どうろ》。

一《いっ》けん□《や》の□《まえ》は池《いけ》。

農《のう》□《か》の□《まえ》に畑《はたけ》がある。

車《くるま》の□《ぜん》後《ご》は気《き》をつける。

□《か》族《ぞく》そろってばんごはん。

□《いえ》の□《まえ》に車《くるま》がとまる。

まん点《てん》　とれたかな？

月　　日

点／10点

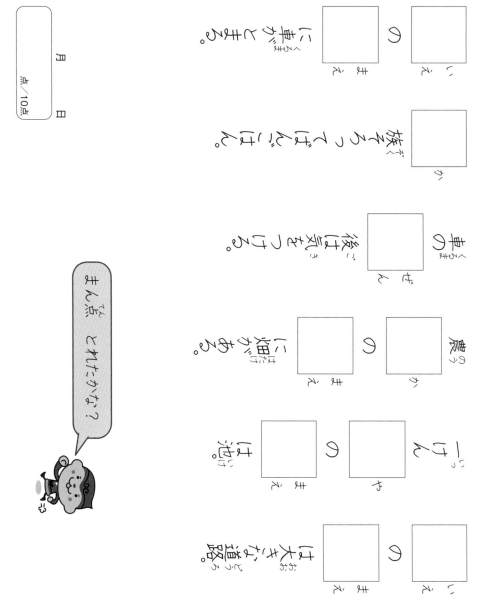

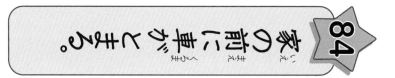

85 遠《えん》足《そく》は電《でん》車《しゃ》で行《い》く。

遠　エン　とおい
足　ソク　あし

五月《ごがつ》に□《えん》□《そく》がある。

□《えん》□《そく》は楽《たの》しみです。

□《えん》□《そく》で動物園《どうぶつえん》に行《い》く。

□《とお》い店《みせ》までお使《つか》いに行《い》く。

ぼくは□《あし》が速《はや》い。

□《えん》□《そく》は電車《でんしゃ》で行《い》く。

月　　日

点／10点

86 教室《きょうしつ》には時計《とけい》がある。

教《キョウ・おしえる》　室《シツ》

図工《ずこう》□□《きょうしつ》は広《ひろ》い。

父《ちち》はりょう理《り》□□《きょうしつ》に通《かよ》う。

ベルが鳴《な》ると□□《きょうしつ》に入《はい》る。

地下《ちか》□《しつ》は暗《くら》い。

えい語《ご》を□《おし》えてもらう。

□□《きょうしつ》には時計《とけい》がある。

月　　日

点／10点

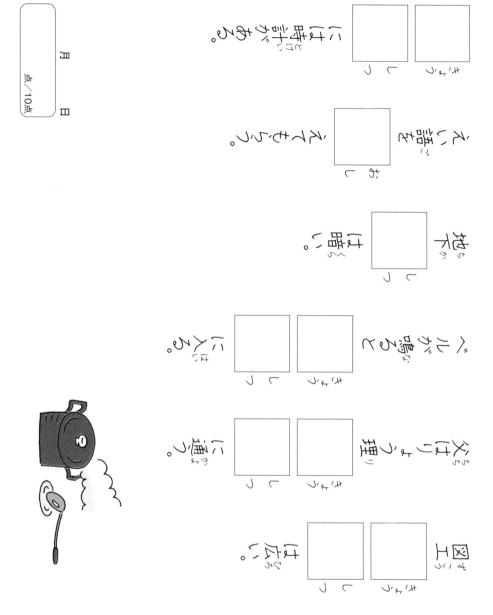

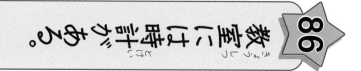

87 算数《さんすう》は大《だい》すきです。

算《サン》

数《スウ・かず・かぞえる》

□《さん》□《すう》では計算《けいさん》がすき。

□《さん》□《すう》で直角《ちょっかく》の勉強《べんきょう》をした。

算《さん》□《すう》でかけ算《ざん》を習《なら》う。

ゆっくり□《かず》を□《かぞ》える。

□《すう》字《じ》をていねいに書《か》く。

□《さん》□《すう》は大《だい》すきです。

月　　日

点／10点

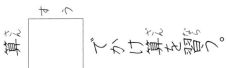

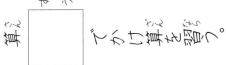

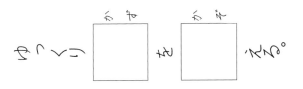

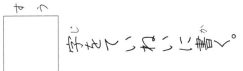

88 理《り》科《か》が楽《たの》しみです。

理《リ》　科《カ》

三年《さんねん》で□《り》□《か》が始《はじ》まる。

□《り》□《か》室《しつ》をのぞいた。

□《り》□《か》で空気《くうき》の勉強《べんきょう》をする。

本《ほん》だなを整《せい》□《り》する。

教《きょう》□《か》書《しょ》を大事《だいじ》に使《つか》う。

□《り》□《か》が楽《たの》しみです。

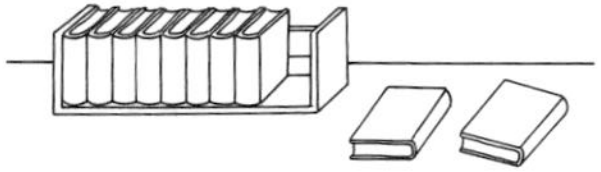

月　　日

点／10点

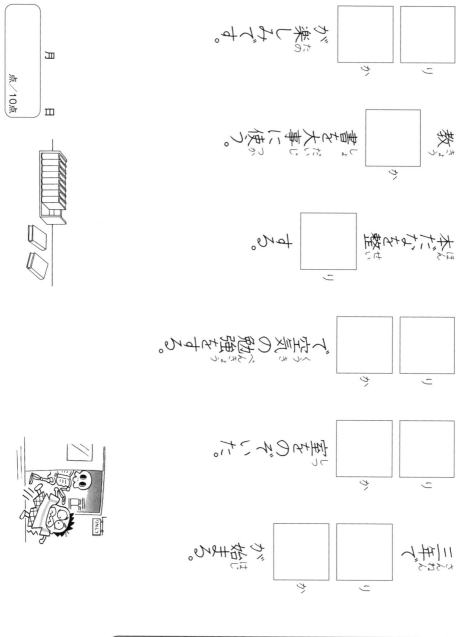

89 弱《よわ》い魚《さかな》が集《あつ》まる。

弱　ジャク　よわい

魚　ギョ　うお　さかな

小《ちい》さな魚《さかな》は□《よわ》い□《さかな》？

赤《あか》い魚《さかな》は□《よわ》い□《さかな》ですか。

金《きん》□《ぎょ》は□《よわ》いですか。

□《じゃく》小《しょう》チームが勝《か》った。

□《うお》市《いち》場《ば》の新《しん》せんな魚《さかな》。

□《よわ》い□《さかな》が集《あつ》まる。

月　　日

点／10点

90 木《もく》曜《よう》日《び》は五《ご》時《じ》間《かん》です。

木 ボク モク き

曜 ヨウ

□《もく》□《よう》日《び》は水《みず》やり当番《とうばん》です。

来週《らいしゅう》の□《もく》□《よう》日《び》は休日《きゅうじつ》です。

□《もく》□《よう》日《び》に朝会《ちょうかい》がある。

□《よう》日《び》ごとに当番《とうばん》がかわる。

□《ぼく》刀《とう》はかたい木《き》で作《つく》る。

□《もく》□《よう》日《び》は五《ご》時《じ》間《かん》です。

月　　日

点／10点

おうちの方へ

２年生では「曜・顔」18画、「頭・親」16画と画数の多い字を学習します。１画ずつていねいに書かせましょう。

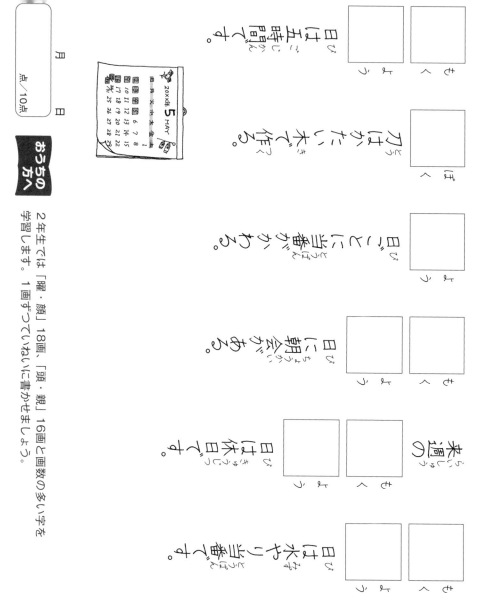

91 考《かんが》えるのは楽《たの》しいよ。

考 コウ かんがえる

楽 ガク ラク たのしい

□《らく》になるよう□《かんが》える。

□《たの》しいことを□《かんが》えよう。

□《かんが》えを発表《はっぴょう》するのは□《たの》しい。

人《ひと》の考《かんが》えをさん□《こう》にする。

音《おん》□《がく》会《かい》が待《ま》ち遠《どお》しい。

□《かんが》えるのは□《たの》しいよ。

月　日

点／10点

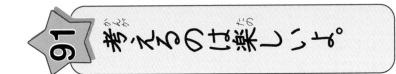

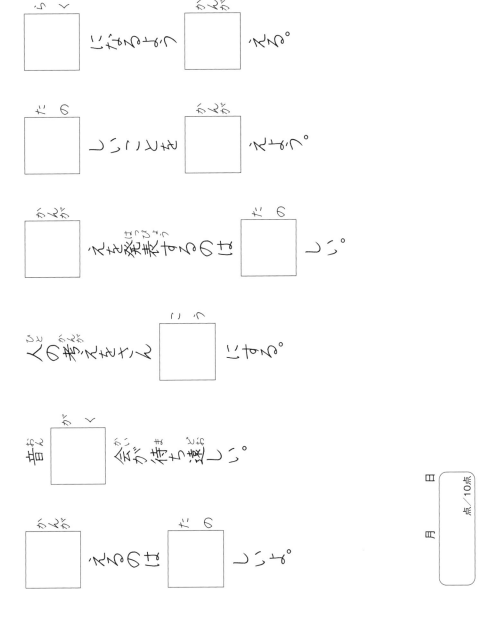

92 セミの鳴《な》き声《ごえ》を聞《き》く。

鳴　メイ　なく

声　セイ　こえ

虫《むし》の□《な》き□《ごえ》に耳《みみ》をすます。

野鳥《やちょう》の□《な》き□《ごえ》にふり向《む》く。

牛《うし》の□《な》き□《ごえ》は長《なが》い。

母《はは》の悲《ひ》□《めい》にびっくりした。

音楽《おんがく》の始《はじ》めは発《はっ》□《せい》練習《れんしゅう》。

セミの□《な》き□《ごえ》を聞《き》く。

月　　日

点／10点

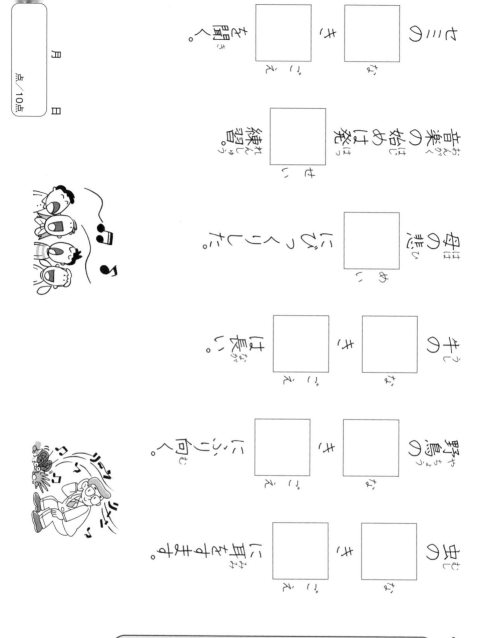

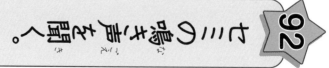

93 えい語《ご》は外《がい》国《こく》語《ご》です。

外　ガイ　そと

語　ゴ　かたる

父《ちち》は□《がい》国《こく》□《ご》を話《はな》す。

母《はは》は□《がい》国《こく》□《ご》を教《おし》える。

姉《あね》は□《がい》国《こく》□《ご》を習《なら》う。

兄《あに》は外《がい》国《こく》語《ご》の物《もの》□《がたり》を読《よ》む。

弟《おとうと》は□《そと》でよく遊《あそ》ぶ。

えい語《ご》は□《がい》国《こく》□《ご》です。

月　　日

点／10点

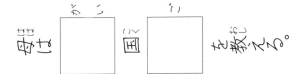

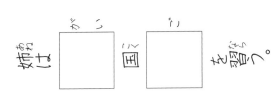

94 妹《いもうと》は親《しん》切《せつ》な子《こ》です。

親　シン　したしむ
切　セツ　きる

わたしも□《しん》□《せつ》にしよう。

友《とも》だちはとても□《しん》□《せつ》だ。

親方《おやかた》は□《しん》□《せつ》な人《ひと》です。

紙《かみ》を□《き》って花《はな》を作《つく》る。

読書《どくしょ》に□《した》しむ秋《あき》。

妹《いもうと》は□《しん》□《せつ》な子《こ》です。

月　　日

点／10点

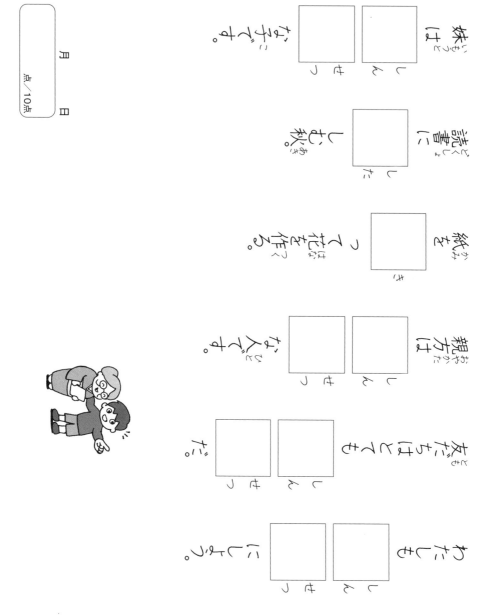

95 新聞《しんぶん》は毎日《まいにち》来《く》る。

新　シン　あたらしい
聞　ブン　きく

兄《あに》は毎日《まいにち》□《しん》□《ぶん》配《くば》りをする。

小学生《しょうがくせい》□《しん》□《ぶん》も毎日来《まいにちく》る。

□《しん》□《ぶん》で野球《やきゅう》の記事《きじ》を見《み》る。

□《あたら》しい友《とも》だちができた。

よく□《き》いてノートに書《か》く。

□《しん》□《ぶん》は毎日来《まいにちく》る。

月　　日

点／10点

96 町《まち》の絵《え》地《ち》図《ず》を作《つく》った。

図《ズ》《ト》　地《ジ》《チ》

駅前《えきまえ》の□《ち》□《ず》を見《み》る。

校下《こうか》の□《ち》□《ず》で家《いえ》をさがす。

パソコンは□《ち》□《ず》がすぐ出《で》る。

□《じ》しんについて話《はなし》を聞《き》いた。

□《と》書室《しょしつ》から本《ほん》をかりた。

町《まち》の絵《え》□《ち》□《ず》を作《つく》った。

月　　日

点／10点

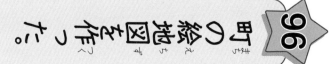

97 黄《き》色《いろ》の花《はな》に虫《むし》が来《き》た。

黄　オウ　き
色　ショク　いろ

□《き》□《いろ》いはたが立《た》っている。

□《き》□《いろ》い声《こえ》を上《あ》げる。

麦《むぎ》が□《き》□《いろ》に実《みの》っている。

三《さん》□《しょく》ペンで色紙《しきし》に書《か》く。

□《おう》金《ごん》のかんむり。

□《き》□《いろ》の花《はな》に虫《むし》が来《き》た。

あと　少《すこ》しだよ！
がんばってね。

月　　日

点／10点

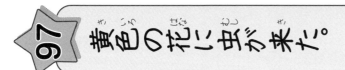

98 野《の》原《はら》を馬《うま》が走《はし》る。

野《の》《ヤ》
原《はら》《ゲン》

□《の》□《はら》が広《ひろ》がる高原《こうげん》のけしき。

□《の》□《はら》で牛《うし》が草《くさ》を食《た》べる。

□《の》□《はら》でたこあげをする。

□《げん》野《や》をかける野生《やせい》の馬《うま》。

原《はら》っぱで□《や》球《きゅう》をしよう。

□《の》□《はら》を馬《うま》が走《はし》る。

月　　日

点／10点

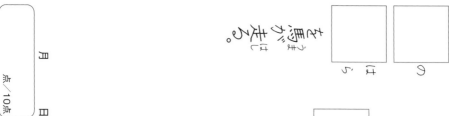

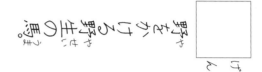

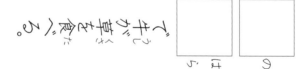

99 かん電池《でんち》を用意《ようい》する。

電《デン》　池《チ・いけ》

□《でん》□《ち》でモーターが動《うご》く。

ゲームの□《でん》□《ち》が切《き》れた。

□《でん》□《ち》を使《つか》う物《もの》をさがそう。

かい中《ちゅう》□《でん》とうでてらす。

きけんなため□《いけ》に近《ちか》よるな。

かん□《でん》□《ち》を用意《ようい》する。

月　　日

点／10点

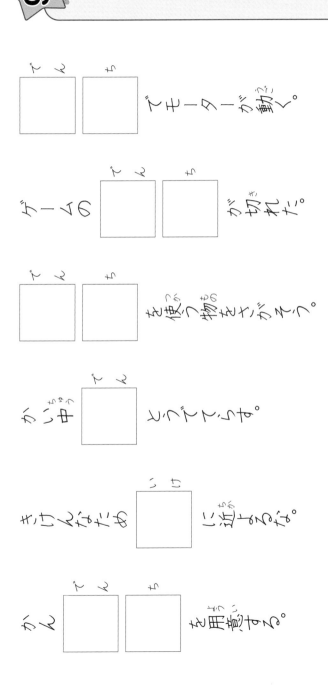

100 来週《らいしゅう》は電気《でんき》当番《とうばん》だ。

当《トウ・あたる》

番《バン》

1. 今週《こんしゅう》はきゅう食《しょく》□《とう》□《ばん》だ。
2. 食《しょっ》き□《とう》□《ばん》は力《ちから》がいるよ。
3. 牛《ぎゅう》にゅう□《とう》□《ばん》は気《き》をつけて。
4. 大売《おおう》り出《だ》しで大《おお》□《あ》たり。
5. 交《こう》□《ばん》で道《みち》をたずねる。
6. 来週《らいしゅう》は電気《でんき》□《とう》□《ばん》だ。

月　　日

点／10点

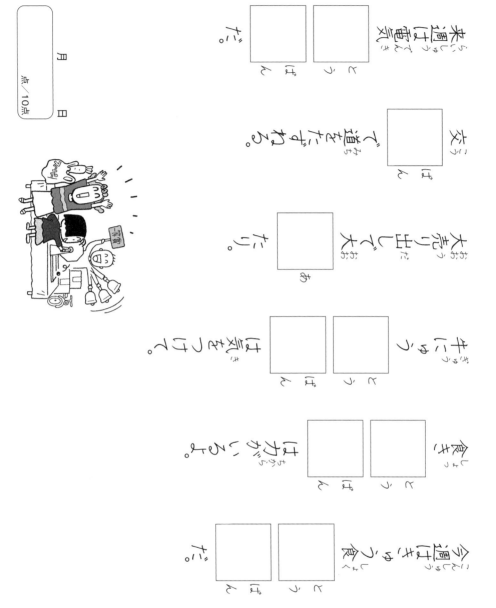

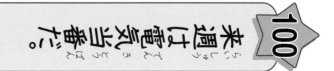

2年生で　ならう　かん字　160字

※は　とくべつな　読《よ》み、（　）は　中学、((　))は　高校《こうこう》で　ならいます。

ア

- 引　イン　ひ-く
- 羽　(ウ)　は　はね
- 雲　ウン　くも
- 園　エン
- 遠　エン　とお-い

カ

- 何　(カ)　なに　※なん
- 科　カ
- 夏　カ　なつ

カ

- 家　カ　ケ　いえ　や
- 歌　カ　うた　うた-う
- 画　ガ　カク
- 回　カイ　まわ-る　まわ-す
- 会　カイ　あ-う
- 海　カイ　うみ
- 絵　カイ　エ

カ

外	ガイ / そと / ほか / はず-す / はず-れる
角	カク / かど / つの
楽	ガク / ラク / たの-しい
活	カツ
間	カン / ケン / あいだ / ま
丸	ガン / まる / まる-い / まる-める
岩	ガン / いわ
顔	ガン / かお

カ

汽	キ
記	キ / しる-す
帰	キ / かえ-る / かえ-す
弓	(キュウ) / ゆみ
牛	ギュウ / うし
魚	ギョ / うお / さかな
京	キョウ
強	キョウ / つよ-い / つよ-まる
教	キョウ / おし-える / おそ-わる

カ

戸	原	言	元	計	形	兄	近
コ と	ゲン はら	ゲン ゴン い-う こと	ゲン ガン もと	ケイ はか-る はか-らう	ケイ ギョウ かた かたち	(ケイ) ※キョウ あに	キン ちか-い

カ

交	広	公	工	語	後	午	古
コウ まじ-わる ま-じる	コウ ひろ-い ひろ-げる	コウ	コウ ク	ゴ かた-る かた-らう	ゴ コウ のち うし-ろ あと	ゴ	コ ふる-い ふる-す

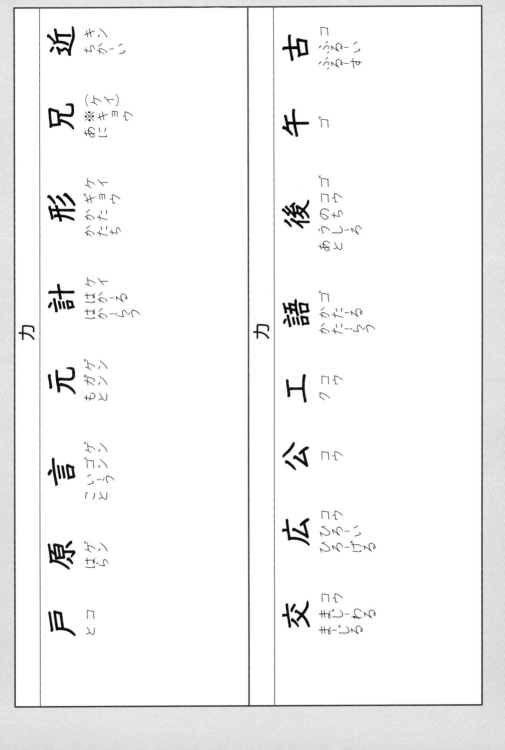

カ

- 光　コウ／ひか-る／ひかり
- 考　コウ／かんが-える
- 行　コウ／ギョウ／い-く／ゆ-く／おこな-う
- 高　コウ／たか-い／たか／たか-まる／たか-める
- 黄　（コウ）／オウ／き
- 合　ゴウ／ガッ／※カッ／あ-う／あ-わせる
- 谷　（コク）／たに

カ

- 国　コク／くに
- 黒　コク／くろ／くろ-い
- 今　コン／いま

サ

- 才　サイ
- 細　サイ／ほそ-い／ほそ-る／こま-か／こま-かい
- 作　サク／サ／つく-る
- 算　サン
- 止　シ／と-まる／と-める
- 市　シ／いち

サ

漢字	音読み	訓読み
社	シャ	やしろ
室	シツ	
時	ジ	とき
自	ジ シ	みずか-ら
寺	ジ	てら
紙	シ	かみ
思	シ	おも-う
姉	(シ)	あね
矢	(シ)	や

サ

漢字	音読み	訓読み
色	ショク シキ	いろ
場	ジョウ	ば
少	ショウ	すく-ない すこ-し
書	ショ	か-く
春	シュン	はる
週	シュウ	
秋	シュウ	あき
首	シュ	くび
弱	ジャク	よわ-い よわ-まる

サ

食	ショク　く-う　た-べる
心	シン　こころ
新	シン　あたら-しい　あら-た
親	シン　おや　した-しい　した-しむ
図	ズ　ト
数	スウ　かず　かぞ-える
西	セイ　サイ　にし
声	セイ　こえ

サ

星	セイ　ほし
晴	セイ　は-れる
切	セツ　き-る
雪	セツ　ゆき
船	セン　ふね　※ふな
線	セン
前	ゼン　まえ
組	ソ　く-む　くみ
走	ソウ　はし-る

タ

- 多　タ　おお-い
- 太　タイ　タ　ふと-い　ふと-る
- 体　タイ　からだ
- 台　ダイ　タイ
- 地　チ　ジ
- 池　チ　いけ
- 知　チ　し-る
- 茶　チャ
- 昼　チュウ　ひる

タ

- 長　チョウ　なが-い
- 鳥　チョウ　とり
- 朝　チョウ　あさ
- 直　チョク　ジキ　ただ-ちに　なお-す　なお-る
- 通　ツウ　とお-る　かよ-う
- 弟　(テイ)　※ダイ　おとうと
- 店　テン　みせ
- 点　テン
- 電　デン

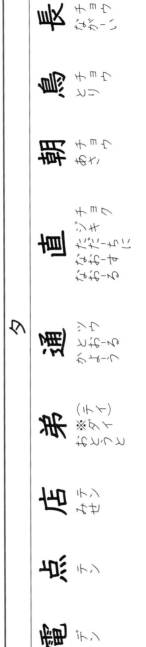

タ

- 刀　トウ　かたな
- 冬　トウ　ふゆ
- 当　トウ　あ-たる
- 東　トウ　ひがし
- 答　トウ　こた-える　こた-え
- 頭　トウ　ズ　あたま
- 同　ドウ　おな-じ
- 道　ドウ　みち
- 読　ドク　トク　※トウ　よ-む

ナ

- 内　ナイ　うち
- 南　ナン　みなみ
- 肉　ニク

ハ

- 馬　バ　うま
- 売　バイ　う-る
- 買　バイ　か-う
- 麦　(バク)　むぎ
- 半　ハン　なか-ば
- 番　バン
- 父　フ　ちち

ハ

- 風　フウ　かぜ　※かざ
- 分　ブン　フン　ブ　わ-ける　わ-かる
- 聞　ブン　き-く　き-こえる
- 米　ベイ　マイ　こめ
- 歩　ホ　ある-く　あゆ-む
- 母　ボ　はは
- 方　ホウ　かた
- 北　ホク　きた

マ

- 毎　マイ
- 妹　(マイ)　いもうと
- 万　マン
- 明　メイ　ミョウ　あ-かり　あか-るい　あき-らか　あ-ける
- 鳴　メイ　な-く　な-る　な-らす
- 毛　モウ　け
- 門　モン

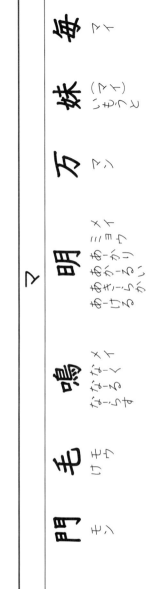

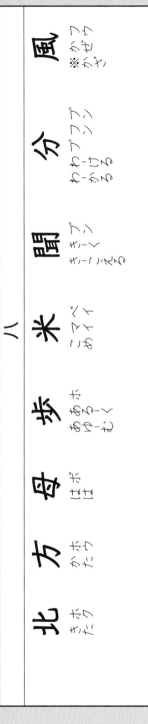

ヤ

- 夜　ヤ　よ　よる
- 野　ヤ　の
- 友　ユウ　とも
- 用　ヨウ　もち-いる
- 曜　ヨウ

ラ

- 来　ライ　く-る
- 里　リ　さと
- 理　リ

ワ

- 話　ワ　はな-す　はなし

とくべつな　読み方

- 明日　あす
- 母さん　かあさん
- 父さん　とうさん
- 川原　かわら
- 今日　きょう
- 今年　ことし
- 時計　とけい
- 兄さん　にいさん
- 姉さん　ねえさん

学しゅうの　記《き》ろく

	学しゅうした　かん字	点数		学しゅうした　かん字	点数
1	算・数		26	黒・雲	
2	国・語		27	何・回	
3	図・工		28	内・科	
4	楽・会		29	親・家	
5	理・強		30	才・歌	
6	教・室		31	外・活	
7	朝・場		32	牛・角	
8	曜・読		33	時・間	
9	画・絵		34	丸・岩	
10	夏・海		35	顔・社	
11	魚・肉		36	汽・帰	
12	寺・道		37	地・記	
13	兄・弟		38	弓・矢	
14	父・母		39	京・買	
15	姉・妹		40	売・店	
16	春・秋		41	馬・近	
17	冬・毛		42	鳥・形	
18	西・東		43	万・歩	
19	北・南		44	毎・計	
20	刀・分		45	元・鳴	
21	当・番		46	友・言	
22	米・麦		47	野・原	
23	園・遠		48	長・組	
24	引・戸		49	古・風	
25	羽・広		50	午・後	

	学しゅうした　かん字	点数
51	電・線	
52	交・通	
53	公・行	
54	星・光	
55	高・考	
56	黄・色	
57	答・合	
58	太・多	
59	谷・細	
60	今・作	
61	雪・止	
62	明・市	
63	自・直	
64	弱・思	
65	用・紙	
66	頭・首	
67	来・週	
68	茶・書	
69	少・食	
70	昼・夜	
71	心・知	
72	新・門	
73	前・声	
74	船・切	
75	台・晴	

	学しゅうした　かん字	点数
76	里・半	
77	同・話	
78	池・走	
79	聞・方	
80	体・点	
81	黒・雨	
82	南・風	
83	画・紙	
84	家・前	
85	遠・足	
86	教・室	
87	算・数	
88	理・科	
89	弱・魚	
90	木・曜	
91	考・楽	
92	鳴・声	
93	外・語	
94	親・切	
95	新・聞	
96	地・図	
97	黄・色	
98	野・原	
99	電・池	
100	当・番